Towards the Economics of Imperfect Competition:
A Market Power Index Approach

不完全競争の経済学に向けて
市場支配力指数アプローチ

安達貴教 ──［著］

keiso shobo

はじめに

> 競争と独占は「程度の差」であって、競争は白、独占は黒というものでは
> 必ずしもない。むしろ現実の事態は多くの場合に、白と黒の中間の灰色で
> あって、比較的白に近い灰色とか比較的黒に近い灰色というのが実状では
> ないか。
>
> 小宮隆太郎（1968 年）[1]

　多くのミクロ経済学の教科書においては、完全競争に関する説明の後、
「市場の失敗」の一例として「独占」が取り上げられるが、より現実的な不
完全競争については、多くの経済学研究者がゲーム理論の導入を必須事項と
考えているため[2]、部分均衡の枠組みを前提とした場合における不完全競争
の意味づけや帰結が、経済学の入門段階で十分に理解されないという状況が
生じているのではないかと考えられる。こうして、経済学者の猪木武徳教授
が危惧するように、ミクロ経済学を学んだ者は、完全競争が「ひとつの論理
的に美しい帰結をもたらすため、競争はその「完全性」ゆえに社会的に望ま
しい状態をもたらす」と考えてしまうことによって、「一般的な競争全体
（たとえば独占的競争をもふくめて）のもつ歴史的な、あるいは経済社会的
意味を見逃したり、低く評価してしまう危険性」（猪木 1987, p. 30）に晒され
ていると言えることになろう。
　このような実情に鑑み、本書において我々は、経済学の入門段階から早々

---

1)　王子製紙・十條製紙・本州製紙の 3 社合併の発表（1968 年 3 月）を受けて企画された『中央公論』
　　1968 年 9 月号での座談会における経済学者・小宮隆太郎（1928–2022）による発言（鈴村 2018, p.192）。
　　なお、合併自体は未実現に終わった。
2)　例えば小川・家森（2016）は、第 11 章「独占」において、「こうした企業間の意思決定や行動の相互依
　　存関係を分析するには、第 13 章で触れるゲームの理論を応用することが必要となります」（p.174）と述
　　べている。

と不完全競争を導入するための教育的フレームワーク、すなわち、我々が呼ぶところの「市場支配力指数アプローチ」（Market Power Index Approach）を提示する。完全競争をベースにするのではなく、不完全競争を前提とし、完全競争と独占は、不完全競争のそれぞれ両極端という特殊ケースとして包含することで分析を展開できることを主張するのだ。

　第 1 章でも説明するが、市場支配力とは、完全競争での価格水準を超えてどれほどの価格が設定されるかの程度を示すものであり、その指数の表現として、完全競争を下限として 0、独占を上限として 1 に考え、不完全競争を包括的に考えようとする。そのことによって、「あらゆる状況に適用できるたった一つの寡占企業モデルといったものは存在しない」と言い切るレヴィット＝グールズビー＝サイヴァーソン（2018, pp. 163–164）に抗して我々は、より良い見通しを初学者に与えるべく、「あらゆる状況に適用できるたった一つの不完全競争モデル、あるいは一つの不完全競争のフレームワークに基づき、状況に応じて、そのヴァリエーションを考えれば良い」との考え方を提示する[3]。

　これはまた、市場競争を総体レベルで把握することの重要性を強調する「シカゴ価格理論」（Jaffe, Minton, Mulligan, and Murphy 2019; CPT と略）——シカゴ大学大学院で伝統的に教えられている講義内容に基づくミクロ経済学の教科書——ともその精神を共有するものでもある。この方法論は、ゲーム理論が「通常、少数のエージェント間の相互作用に焦点を当てる」（CPT, p. 3）こととは対照的だ。本書は、それにより、競争政策や消費者政策の経済理論的な基礎づけを簡明に与えることを企図し、今後、法廷も含んだ多様な公共空間におけるエヴィデンス提示やディスカッション等にも活かされるよう、それに資する概念的な全体像を与えんとすることも目論んでいる。

　実のところ、第 5 章でも見るように、市場支配力指数の変動は、消費者余

3）　経済学者の村上泰亮（1931–1993）も、「市場の構造が、独占、寡占、完全競争型などのうち、どの形に落ちつくかについて、一般的法則はおそらくありえない。…（中略）…おそらく現実の市場の構造は、完全競争と独占との両極の間を、技術革新の状況の消長と共に、揺れ動いていると思われる。しかし多くの近代的産業では、最適生産規模の巨大化と共に、寡占的状況が生れ易いことは否定できないし、その場合、明白なカルテルまたは暗黙の協調によって管理価格が支配する可能性は十分に高い。このような意味で独占、寡占、管理価格の弊害を無視することは許されない。」と述べている（村上泰亮 1975（2000, p. 50））。

剰（競争法の議論では、消費者厚生と呼ばれることが多い）の増減と関わっているため、経済学の立場からすれば、市場支配力指数を中心に据えることには実益はないように思われるかもしれない。しかし、日本においては、司法が消費者厚生に言及することはないし、また、アメリカにおいても、競争政策の議論に対して消費者厚生の概念を明示的に導入した法学者ロバート・ボーク（1927–2012）の影響（Bork 1978）が一定程度あるとは言え、やはり市場支配力の概念が競争政策的な議論の中心を占めているものと考えられる（川濱 2024, p. 378）。そのため、競争政策への活用を目指す「不完全競争の経済学」の展開に際して、市場支配力を中核に位置づけることには一定の意味があると期待されるのである[4]。

本書の書名における「に向けて」とは、そのような「不完全競争の経済学」の新たなる方向性を示す試論的位置を示すものである。なお、本書の全体において、不完全競争を前提とした実証的な分析手法に関しては触れず[5]、むしろ、「ゲーム理論を前提とせずに不完全競争がどのように理解されるか」という概念的把握の仕方に焦点を当てるものとしたい。

本書の構成は以下の通りである。まず第1章において、市場支配力指数アプローチに基づく不完全競争の導入法について解説する。続く第2章においては、市場支配力指数の基礎づけを考えた後で、幾つかの発展的な概念に触れる。以上までが第I部の内容となる。続く第II部では、幾つかのトピックスに関する市場支配力指数アプローチの応用例を紹介する。まず第3章では、財市場における課税問題を考えることで、パス・スルーの概念やそれに関係する厚生指標に関して考える。そして、第4章においては、財市場における非価格戦略を代表する広告活動、そして、貸出市場と預金市場という二市場がある金融市場を考え、前者に関しては、独占企業の売上高に対してその広告費がどれだけを占めるかを示すドーフマン＝シュタイナー公式（Dorfman

---

4) 経済法学者の川濱昇教授が述べるように、「経済学にもとづく推論は独禁法にとって極めて有力な武器」ではあるものの、「個々の事件で直ちに正解を与えてくれるものでは」ない。しかしながらそれでも、「具体的な事件の様々な関連事実に応じて何が生じそうかを判断するための道具」を与えてくれるということにはなるであろう（川濱 2017, p. 290）。

5) 例えば、上武・遠山・若森・渡辺（2025）を参照されたい。

and Steiner 1954）が、後者については、独占的な銀行の行動を記述するモンティ = クライン・モデル（Monti 1972; Klein 1971）が、市場支配力指数アプローチに基づいて不完全競争の場合に拡張される。

第III部は、競争政策や消費者政策への市場支配力指数アプローチの適用を念頭に置いた議論を展開する。まず第5章においては、「平均原理」や「規模の経済性」が検討され、また、独禁法学との関連や数値例についても紹介される。そして第6章においては、競争政策を考えるための応用例として「企業結合」（水平的合併）を取り上げた後、消費者政策とより深く関わる「限定合理性」及び「情報の非対称性」を市場支配力指数アプローチの枠組みにおいて把握する。ここまでは、企業側は一層のみによって構成されているものとされているが、第IV部の第7章においては、まず、上流企業と下流企業という二層から成るような垂直的取引関係を考え、それに関わる競争政策上の問題を市場支配力指数アプローチによって扱う可能性について検討する。そして最終の第8章では、一般均衡との関連を考察してみたい。

不完全競争の経済学に向けて
市場支配力指数アプローチ

目 次

はじめに i

第Ⅰ部　市場支配力指数アプローチの基礎

第1章　市場支配力指数アプローチによる不完全競争の導入 ……………3
1.1　市場支配力指数を用いた不完全競争価格の決定の論理　3
1.2　「集約的企業」の想定について　7
1.3　産業＝集約的企業の限界費用曲線について　10
1.4　市場支配力指数アプローチの望ましさ　12

第2章　市場支配力指数のミクロ的基礎および発展的概念 ……………17
2.1　企業の行動仮説に基づく市場支配力指数のミクロ的基礎　17
2.2　「推測的変動」概念との関係　31
2.3　生産者余剰の別表現　34
2.4　簡便な非対称性の導入　35

第Ⅱ部　課税・広告・金融への応用

第3章　不完全競争的な財市場における物品課税問題 ……………41
3.1　パス・スルーとは何か　41
3.2　完全競争の場合　45
3.3　不完全競争への拡張　47
3.4　図示による理解　49

第4章　広告戦略と金融市場 ……………55
4.1　ドーフマン＝シュタイナー公式の一般化　55
4.2　広告活動のモデル　56
4.3　「共感係数」に基づくミクロ的基礎　59
4.4　モンティ＝クライン・モデルの拡張：金融市場のモデル　62

目 次 vii

第III部　競争政策と消費者政策への応用

第5章　競争政策・消費者政策を考えるための展開 ················71
5.1 「限界原理」vs.「平均原理」 71
5.2 独禁法学上の概念との関係 74
5.3 数値例 79
5.4 「規模の経済性」の導入 86

第6章　水平的合併への応用と消費者政策への基礎づけ ············91
6.1 価格上昇圧力と厚生増加促進的効果 91
6.2 企業結合における価格基準との関係 92
6.3 限定合理性 95
6.4 情報の非対称性 97

第IV部　垂直構造と一般均衡への展開

第7章　垂直的取引関係 ···105
7.1 小売価格 p が企業と消費者による交渉で決まる場合 107
7.2 卸売価格 w が伸るか反るかの提案で決まる場合 109
7.3 卸売価格 w が上流企業と下流企業による交渉で決まる場合 112
7.4 小売市場における拮抗力 114
7.5 共通小売チャネルのナッシュ交渉解における価格弾力性とパス・スルー 126

第8章　不完全競争と一般均衡 ··································139
8.1 問題の所在 139
8.2 不完全競争の一般均衡モデルで考える競争政策の意義 142
8.3 まとめ 154

結 語 ··155

あとがき 157
参考文献 161
索 引 171

第 I 部

市場支配力指数アプローチの基礎

第1章 市場支配力指数アプローチによる 不完全競争の導入

　まず本章においては、ゲーム理論の導入を経ず、経済学の入門レヴェルの議論によって「不完全競争」（以下では、「寡占」も同義語的に用いる）を理解するための枠組みを提示する。一般的理解では「不完全競争を扱うためにこそ、経済学入門にゲーム理論の導入は必須」ということになるが、以下での議論は、必ずしもそうではないことを示している。

1.1　市場支配力指数を用いた不完全競争価格の決定の論理

　今、考察する産業全体は一つの独占企業から構成されているという状況から出発する。以下では、費用曲線に関する基本的な議論は既知とする。すなわち、図 1.1 において、この独占企業の平均費用曲線（average cost curve: AC）は U 字形をしているのはなぜか、あるいは、限界費用曲線（marginal cost curve: MC）が、この平均費用曲線の最低点を通過するのはなぜか、といった事柄である。なお、この独占企業は、市場価格 p と需要量 Q は市場需要曲線（market demand curve: D）を表す $Q(p)$ によって決まるということを認識していると想定している。

　ミクロ経済学の入門書である小川・家森（2016, pp. 180–181）は、そこでの図表 11–5 から 11–7 を用いることにより、数式を使うことなく図解で、独占価格の決定を説明しているが、これは、価格を上げることに伴って、①それでもまだ引き続き購入する消費者からの「限界的な利潤増加」と、②購入を諦めてしまう消費者を失ってしまうことからの「限界的な利潤減少」とが等しくなるような価格が最適であるという説明になっている。すなわち、図

図 1.1 限界原理に基づく寡占価格形成メカニズム

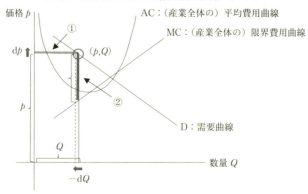

1.1 の○部分で示されている (p, Q) において、収入額 $p \times Q$ は、総費用 $AC \times Q$ よりも大きいので利潤は正であるが、この (p, Q) の組み合わせを変えることで、より高い利潤が生まれるかどうかをこの独占企業が考え、その結果として、市場における価格と供給量とが決まるという考え方である。

ここで、$-dQ$、dp をそれぞれ販売量、価格の変化分とすれば、①に対応する部分は $dp \cdot Q$、②に対応する部分は、$\mu \equiv p - MC$ を出発点におけるマークアップ値（markup value）と定義すると、$\mu \cdot (-dQ)$ と表現されるので、小川・家森（2016）による独占価格の表現方法は、簡単な数式的表現では、

$$\underbrace{dp \cdot Q}_{①} = \underbrace{\mu \cdot (-dQ)}_{②} \tag{1.1}$$

と与えられる。

なお、この式 (1.1) は、

$$Q = \mu \cdot \left(-\frac{dQ}{dp}\right)$$

となることから、$dQ/dp = Q'(p)$ と置き換え、μ を $p - MC$ に戻して書き直し、更に需要の価格弾力性（price elasticity of demand）を

$$\varepsilon_1(p) \equiv -\frac{p Q'(p)}{Q(p)}$$

と定義すれば、

$$\frac{p-\mathrm{MC}}{p} = \frac{1}{\varepsilon_1(p)}$$

という通常のラーナー公式（Lerner formula）となっている。マークアップ率（markup rate）である $(p-\mathrm{MC})/p$ はラーナー指数（Lerner Index）とも呼ばれる（Lerner 1934）。

多くの教科書においては、これは、独占者の利潤関数を（$C(\cdot)$ を費用関数として）

$$\Pi(Q) = p(Q)Q - C(Q)$$

などと定義し、その最大化の一階条件

$$p(Q) + p'(Q)Q - \mathrm{MC}(Q) = 0$$

から求められることが多い（ただし、（産業全体の）需要の価格弾力性を、価格 p ではなく数量 Q の関数として $\varepsilon_1(Q) \equiv -[p/p'(Q)]Q$ で定義）[1]。しかし、小川・家森（2016）流の説明の方が、限界的な価格上昇に伴って、独占が追加的に得られる利潤・失う利潤をはっきりと理解するには有用である。

ここで我々は、次のような意味を持つ「市場支配力指数」$\theta \in [0,1]$ を導入することにより、小川・家森（2016）による独占の説明の自然な延長として、不完全競争を、ゲーム理論を回避しながら導入することが可能になることを主張する。すなわち、（対称的な企業を考えているので任意の）一つの企業に着目して、供給減少が価格上昇に結びつくのが、独占の時のように完全に達成されるのが $\theta = 1$ であり、少しでも価格を上げたら、全ての消費者が逃げてしまって、上記①の部分がゼロになってしまう時に対応するのが $\theta = 0$ とすれば、上記の式（1.1）は、

$$\underbrace{\theta \cdot \mathrm{d}p \cdot Q}_{①} = \underbrace{\mu \cdot (-\mathrm{d}Q)}_{②} \tag{1.2}$$

のように拡張される[2]。

---

1) その場合の図解的な説明としては、Robinson（1933）以来、限界収入曲線（marginal revenue curve）を図示して、限界費用曲線との交点で生産量が決まると解説されることが多い。対して本書で提示している方法は、「限界的な利潤増加（利潤の「限界ゲイン」）＝限界的な利潤減少（利潤の「限界ロス」）」という、経済的概念の上ではより直接的な理解を促すものとなっている。

2) 浦井（2015, p. 232）が述べる「いずれの企業も、自社の商品が他の商品によって100パーセント代替される──完全競争的──とは考えておらず、かといって自分の生産量だけで市場価格を100パーセントコントロールできる──独占的状況──とも考えていないといった状況」を、θ と表記される「市場支配力

なお、セータという文字の利用も含めて、θ は実証産業組織論（Empirical Industrial Organization）において Bresnahan（1989）や Corts（1999）らが "conduct parameter" と呼んでいるものに他ならない[3]。ただし我々は、θ は必ずしも任意の Q について一定と想定する必要はなく、可能性的には Q に応じて変化しうるものであることに勘案して、「パラメータ」（parameter）ではなく「指数」（index）と呼ぶ方が妥当なのではないかと考える。したがって、必要に応じて θ^Q というような表記を用いることも可能であろう。注意すべきは、θ^Q と書いた場合、θ^Q の Q への依存関係は、式（1.2）とは独立な（暗黙的・外生的な）メカニズムで決まっていると考えていることである（ただし、後の第2章第2.1節で紹介するように、企業の行動仮説に基づいた基礎づけを行うことは可能である）。

より具体的には、$\theta(Q)$ と書いてしまうと、あたかも、式（1.2）が θ の定義を与えている、すなわち、

$$\theta(Q) \equiv \frac{\varepsilon_1(Q)\mu(Q)}{p(Q)}$$

というように誤解されがちになると思われるので、その誤解を避けるため、必要に応じて θ^Q という表記を用いることも可能であろうということである。しかしながら、煩雑さを避けるため、より簡便な θ と表記することで「市場支配力指数」を示しているとして差し支えないであろう。

なお、対称的な各企業がワンショット・ゲームのナッシュ均衡（Nash equilibrium）をプレーしているという通常の想定の下では、均衡生産量 Q^*、均衡価格 $p^* \geq \mathrm{MC}(Q^*)$ における市場支配力指数を θ^* で表すと、均衡においては、

$$\theta^* = \frac{\varepsilon_1^* \mu^*}{p^*} = \iota^* \varepsilon^* \tag{1.3}$$

指数」によって統一的に扱おうというわけである。また、「はじめに」の冒頭で引用した小宮隆太郎による発言中の、白（完全競争；$\theta=0$）と黒（独占；$\theta=1$）を両極端として、「灰色」である多くの現実的事態を θ によって表現しようするとも理解されよう。

[3]　なお計量経済学においては、θ という文字の使用は、推定の対象となるパラメータの組を表すのが慣用的であるので、そこでの混用を避けるため、今後は、「市場支配力指数」を示す文字としては、θ とは別のギリシャ文字で置き換えることを検討してみても良いのかもしれない。

が成立していなければならないということになる。すなわち、市場支配力指数は、価格弾力性に代表される「市場構造」と、「ナッシュ均衡がプレーされる」という「行動仮説」によって一意的に決まってくる内生変数という解釈になる。ここで、ι^* は、

$$\iota^* \equiv \frac{p^* - \mathrm{MC}(Q^*)}{p^*}$$

として定義されるマークアップ率であり、p^*、Q^* 及び ε^* は、クールノー競争（数量競争）を考えるか、ベルトラン競争（価格競争）を考えるかに応じて変わるものであるが、どちらの競争形態を考えるにせよ、上式（1.3）のように統一的に表わされるものであり、このことは、ゲーム理論を前提とした不完全競争の説明の際に強調される「価格競争と数量競争の違い」は二次的な重要性しか持っていないことを示唆しているものと考えられよう。

　また、式（1.3）は

$$\frac{p^* - \mathrm{MC}(Q^*)}{p^*} = \frac{\theta^*}{\varepsilon_{\mathrm{I}}^*} \tag{1.4}$$

と書き換えられ、これを更に変形すると、

$$\underbrace{\left(1 - \frac{\theta^*}{\varepsilon_{\mathrm{I}}^*}\right) p^*}_{\text{限界収入}} = \underbrace{\mathrm{MC}(Q^*)}_{\text{限界費用}}$$

となり、独占における「限界収入＝限界費用」が一般化されたものとなっていることも分かる。以下では、煩雑さを避けるために、均衡の場合であっても、＊無しの表記を用いるので、留意されたい。

1.2　「集約的企業」の想定について

　ここで、式（1.2）の背後での意思決定主体は、産業における仮想的な「集約的企業」（aggregative firm）であり、式（1.2）は、そのような集約的企業の最適解を示しているものであることに注意を促したい。経済学説史的には、これはイギリスの経済学者アルフレッド・マーシャル（1842–1924）が展開した経済理論の精神に近い[4]。通常、マーシャル体系は現代の経済理論で

言うところの「部分均衡を前提とした完全競争モデル」を確立し、「不完全競争論成立の契機は 1920 年代のスラッファのマーシャル批判にあるとされ」る（伊藤 2010, p. 91）。

　しかし、伊藤（2010）は、そもそも「マーシャル経済学の競争理論は、必ずしも完全競争モデルではなく、むしろ不完全競争の要素を少なからず備えて」（p. 91）おり、「マーシャルの自由競争論は実質的には不完全競争論」（p. 98）であることを指摘している。とりわけ、「プライス・テイカーの仮定は」「マーシャル体系ではとられて」（p. 101）いないことに注意を促している。しかしながら、このようにして「マーシャルの興味は、純粋に混じり気のない競争モデルではなく、ある程度不完全さをもち、現実的基礎をもった競争の分析」（伊藤 2010, p. 98）にあり、「導入的議論においてさえ、可能な限り現実を反映した理論でありたいという」（同 p. 98）願望をマーシャルは持っていたがために、「必然的にその輪郭から明晰さを奪う」（同 p. 98）結果になったとも言える[5]。

　この一つの要因としては、「産業の縮図」（根岸 1985b, p. 91）あるいは「産業の縮尺版」（根岸 1997, p. 176）として導入されたマーシャルの「代表的企業」（representative firm）が、我々がここで考えている「集約的企業」的発想に根差しながらも、実際は、「マーシャルの代表的企業は、「自らの所属する産業の特定の総生産量の規模に属する、内部および外部経済を適正に享受する企業」」（伊藤 2010, pp. 99-100）であるとされるように、個々のレヴェルの企業という視点が混在していることが考えられる[6]。対して我々は、市場支配力指数アプローチの最初の導入としては、明確に、「集約的企業」の視

---

4) なお、伊東（2006, p. 128）は、イギリスの経済学者ジョン・メイナード・ケインズ（1883–1946）の『一般理論』（Keynes 1936）においても同様に、「社会全体を合計して論じる視点」、すなわち、「多数の企業が存在しても、社会があたかもひとつの企業であるかのように扱う」という「integrated firm」の仮定が置かれたことを強調している。

5) 根井（2019, p. 94）も、「競争と独占を峻別しない」マーシャルの理論が、「それを学ぶ者に何かもやのかかったような印象を与えてしまいがち」であり、「おそらく、J・ロビンソンも、それに反発したのであろう」という見方を提示している（なお、J・ロビンソンとは、本章最後に言及するジョーン・ロビンソンを指す）。

6) 根岸（1985b, p. 91）は、代表的企業の概念は、「さまざまな条件のもとで相異なる行動をしている多数の企業から構成されている産業」を考察するために便利な「想像上の構築物」であるとし、また同様に、根岸（1997, p. 184）においては、「代表的企業の概念は、変化しつつある個々の企業の動きではなく、産業全体の縮刷版としてその状態を表すためのマーシャルの工夫なのである」と述べられている。

第1章　市場支配力指数アプローチによる不完全競争の導入　　9

点を一貫させるものとする。

　このようにして、寡占価格が限界費用価格から独占価格の間で決まってくるということを、「企業間の需要の分け合い」といった「戦略的相互依存関係」（strategic interactions）を直接的には扱わないことによって説明しようとしている点にその特徴がある。各企業が対称的な場合は、あたかも、「代表的企業」が、産業全体の共同利潤を最大化するように、産業全体の生産量を決めているように「見えてしまう」ことに対しては注意を払う必要があろう。上の式（1.2）においては、企業が対称的であることを利用することで、企業の供給量＝産業全体の供給量である独占のケースからの（図1.1のように）「連続的な」接続として、寡占産業全体が、寡占価格と産業全体の供給量を「あたかも」決めていると捉えられるが、企業数を明示し、各企業 $i=$ 1, 2, .., N の意思決定に着目する場合は、式（1.2）を敷衍して個々の企業レヴェルで解釈することができる。

　全企業が価格競争をしている場合は（価格の微小な変化を基準として）、ここでは、まず微小な価格上昇 Δp_i を考え、それ以外の企業の価格は止めておくとして、その時の企業 i の生産量の変化分を Δq_i と書く。すなわち、$q_i + \Delta q_i = q_i(\Delta p_1, \cdots, p_{i-1}, p_i + \Delta p_i, p_{i+1}, \cdots, p_n)$ である。ここで、$\theta_i \in [0, 1]$ は企業 i の市場支配力指数、$\mu_i \equiv p_i - \mathrm{mc}_i$ は、各企業 i のマークアップ値であり、$\mathrm{mc}_i = \mathrm{mc}_i(q_i)$ は各企業 i の限界費用関数を表すものとすると、式（1.2）には、

$$\underbrace{\theta_i \cdot q_i}_{限界ゲイン} = \underbrace{\mu_i \cdot \left(-\frac{\partial q_i}{\partial p_i}\right)}_{限界ロス} \tag{1.5}$$

を対応させることができる。

　また、全企業が数量競争をしている場合は、式（1.2）は（今度は数量の微妙な変化を基準として）

$$\underbrace{\theta_i \cdot \left(-\frac{\partial p_i}{\partial q_i}\right) \cdot q_i}_{限界ゲイン} = \underbrace{\mu_i}_{限界ロス} \tag{1.6}$$

のように書き換えられる[7]。もし対称的な状況を考える場合は、これら n 個

の式は1個の式で代表され、$q_1=q_2=\cdots=q_N\equiv q$ あるいは $p_1=p_2=\cdots=p_N\equiv p$ を課すことで（勿論、$\theta_1=\theta_2=\cdots=\theta_N\equiv\theta$ と $mc_1=mc_2=\cdots=mc_N\equiv mc$ も）、各企業の均衡生産量 q^* と市場価格 p^* を求めることができる。そして市場全体の生産量は $Q^*=Nq^*$ である。

1.3　産業＝集約的企業の限界費用曲線について

ここで、限界費用曲線に関する伝統的な説明（小川・家森 2016, 第4章）との対比を考えよう。図1.2が示しているように、ミクロ経済学の「生産の理論」において個別企業の限界費用曲線から「供給曲線」が導出される際、既にプライス・テイカー（price taker）の仮定が暗黙に前提とされている。この解釈に基づいて、産業全体の限界費用曲線＝産業全体の供給曲線は、個別企業の限界費用曲線＝個別企業の供給曲線を横に足し合わせていったものと説明がなされる場合が多い。

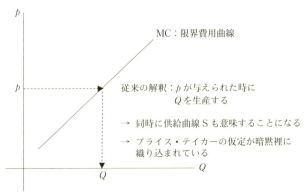

図1.2　供給曲線の伝統的説明

---

7) ここで、式（1.6）を

$$\underbrace{\theta_i\cdot q_i}_{\text{限界ゲイン}} = \mu_i \cdot \underbrace{\left(-\dfrac{1}{\dfrac{\partial p_i}{\partial q_i}}\right)}_{\text{限界ロス}}$$

と解釈してしまうのは誤りであり、式（1.5）の方も同様である。

対して、各企業がプライス・テイカーではなく、幾ばくかの市場支配力を行使している不完全競争の世界においては、図 1.3 が示すように、価格を与えて、その価格に限界費用が一致するような供給量が選択されたわけではない。したがって、不完全競争の場合には「供給曲線」が描かれることはないのだ。図 1.2 で示されている MC は、あくまで限界費用曲線であり、「供給曲線」ではないことには注意する必要がある。不完全競争をそもそもの前提とする我々は、図 1.4 が示すように、単純に、ある生産量から微小に生産量を増加させた場合の追加的な費用支出を持って「限界費用」と定義するということで差し支えない。ここでは、産業全体レヴェルの集計量に着目しているが、個々の企業ごとでも同様である。

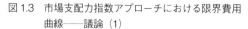
図 1.3 市場支配力指数アプローチにおける限界費用曲線——議論（1）

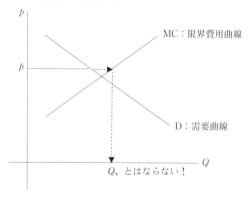

なお、必要でなければ企業数 N を明示的に登場させなくて良い点も、市場支配力指数アプローチが持つ、また別の利点である。この「柔軟性」により、例えば対称的な企業数 N を 2 のように固定した場合、お互いの製品差別度がほとんどない場合（θ がゼロに近い）には寡占価格は限界価格に近くなるという状況と、そうだとしてもお互いが完全にカルテルを結ぶことができるのであれば、独占価格が達成できるという状況の双方（$\theta=1$）を統一的に把握できるというわけである。

しかしながら、θ が 1 から 0 に向かって変化する背後には企業数 N の増

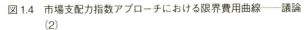
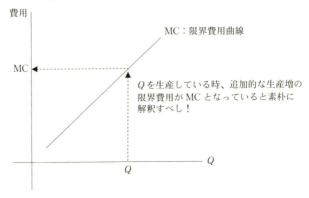

加も伴っているのではと考えることもまた自然であろう。市場支配力指数アプローチは、θ が変化する要因の一つとして N の変化を明示的に考えようとすることを妨げない。すなわち、単純に、$\theta(N)$ を誘導形的・外生的に指定すれば良い。その場合、図 1.5 のように、$\theta(\cdot)$ は非増加（$\theta' \leq 0$）、すなわち、企業数が多くなることで、「共謀」の程度は緩まっていくこと、ただし、その緩まり度合いは、企業数の上昇に伴って穏やかになっていくこと（すなわち、$\theta(\cdot)$ は凸関数；$\theta'' \geq 0$ ということ）を仮定するのが自然であろう。逆に言えば、それらさえ満たしていれば、ゲーム・フォームを指定しなくても、図 1.5 のケース 1 のような場合も扱えれば、ケース 2 の場合も扱えるというのが市場支配力指数アプローチの利点であり、もし、$\theta(N)$ の形状に関して、データの利用によって、実証的知見がつかめれば、当該産業の競争実態の一端の把握に資するということになる[8]。

1.4 市場支配力指数アプローチの望ましさ

以上のようにして、「需要曲線・供給曲線の説明が終わった後に完全競争

---

[8] なお、ケース 1 は 1 次関数のように書いているが、実証的な確認を行うような場合は、$\theta(N)$ を N の 2 次関数としてパラメトリック化するという特定化になるので、その意味では、ケース 1 とケース 2 の間には実質的な違いは無い。また、$\theta(N)$ の下限がゼロである必要も無い。

図 1.5 市場支配力指数 θ と企業数 N との関係

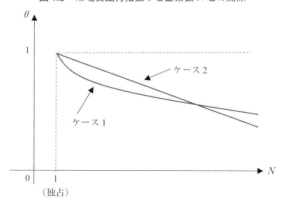

に進み、独占を説明した後、ゲーム理論を導入し、その後になって不完全競争を登場させる」というのではなく、「需要曲線と限界費用曲線・平均費用曲線を導入した後、市場支配力指数の導入によって、独占と完全競争とを両極端のケースとして包含するような不完全競争の理論」を展開することができるようになる。

なお、同種の説明法としては、対称的・同質的な n 企業によるクールノー競争 (Cournot competition; Cournot 1838) を考えてナッシュ均衡を求め、企業数 N が大きくなるにつれて、市場価格と総生産量が、完全競争におけるそれらに近づいていくことを示すという議論が、独占と完全競争とを「連続的につなぐ」方法として紹介されることが多い[9]。しかしながら、ここで提示した不完全競争の導入法は、

(1) ゲーム理論を前提としないので、経済学の初学者にとっての負担を和らげる効果がある
(2) それに関連して、「価格競争と数量競争の違い」という二次的な重要性しか持たない論点を回避することができる

---

9) 例えば、根岸（1985a 第 23 節）、根岸（1989 第 6 章）、根岸（2008 第 VI 章）や林貴志（2013 第 22 章）を参照されたい。

という二点から、経済学の入門段階において不完全競争を教える際には、本書で提示する市場支配力指数アプローチに基づく導入法に依ることが望ましいと考えている[10]。かくして、「ゲームの理論を応用することが必要」（小川・家森 2016, p. 174）とはならずして、不完全競争を経済学入門で導入することが可能となるわけである。

なお、完全競争市場の分析に対する伝統的な擁護としては、高橋（2012, p. 182）によるまとめが、

> ……おもに次の二つの理由から、多くの経済学者は完全競争市場を分析することが重要であると考えています。
>
> 　一つの理由は、**不完全競争市場は、完全競争市場と比べて分析が格段に難しいということです。**本文で述べたように、不完全競争においては企業が価格をコントロールしようとします。どのようにコントロールしようとするか、いろいろな可能性があります。また、その際、競争相手の行動を考えに入れて戦略的に行動する可能性があります。これらを考慮すると分析は複雑にならざるをえません（ただ、この問題は、…中略…ゲーム理論という分析道具の発展に伴って、かなり軽減されてきています）。
>
> 　もう一つの理由は、**完全競争が現実を見る際の「規準」になるということです。**現実の経済現象は、さまざまな要因が複雑に絡み合って起きています。現象がどのようなメカニズムで起きているのかを理解するには、現実そのものを見るよりも、むしろ理想的な単純な状況を見たほうが有益である場合が少なくありません。そのようなときに完全競争市場が威力を発揮します。言うなれば完全競争市場は、自然科学において厳密にコントロールされた実験の場と同じような役割を果たすのです。

---

10) 上の第 1.3 節で議論したように、企業数 N は、市場支配力指数 θ に影響を与え得る一要素であるが、θ を直接的に使って不完全競争下での余剰分析を行うメリットは、企業数や「価格競争（ベルトラン競争）か数量競争（クールノー競争）か」といった、余剰分析上は副次的でしかない論点に拘泥しなくて良い点である（更に良いことは、そもそもナッシュ均衡にすら言及しなくても良いことである）。勿論、不完全競争の内実をより詳細に解明するためにはゲーム理論が必須となるが、まずは不完全競争の経済厚生的帰結をざっくりつかみ、その次のステップとして「市場支配力指数」の背後を探求していくために、例えば岡田章（2021）等で、より発展的なゲーム理論等を勉強する必要があるというロードマップを提示することは、初学者にとっては見通しが良いものと思われる。

のように要を得ている（太字強調は引用者による）。

　我々の市場支配力指数アプローチにおいては、これら二つの問題が一挙に解決されることが分かる。まず、ゲーム理論に伴う戦略的相互依存の「格段に難しい」分析を迂回し、その帰結的エッセンスに焦点を与えることが可能となる。そしてそのことにより、むしろ不完全競争を、現実を見る際の「規準」とし、完全競争を一つの特殊ケースと看做せるというコペルニクス的視点の転換がもたらされるのである。

　イギリスの経済学者ジョーン・ロビンソン（1903-1983）は、1933年の著書 *The Economics of Imperfect Competition*（Robinson 1933）の第2版出版に際し（1969年）、それに寄せた序文において、「完全競争は正統派の経済学において未だに幅を利かしているが、40年後の新しい世代は、本書のアプローチから活路を見出して欲しい」と期待を滲ませているが、遅ればせながら50年経って漸く、奈辺にその一筋の光明が差し伸べられつつある状況になっている[11]。

11）　原文は、"… Perfect competition, supply and demand, consumer's sovereignty and marginal products still reign supreme in orthodox teaching. Let us hope that a new generation of students, after forty years, will find in this book what I intended to mean by it." である。

第2章 市場支配力指数のミクロ的基礎 および発展的概念

　本書の全体としては、市場支配力指数 θ は、不完全競争の程度を示すものとして外生的に与えるものであるが、以下では、企業の行動仮説に基づいて基礎づけを与えられることを論じる。その後に、幾つかの発展的概念を紹介する。

2.1　企業の行動仮説に基づく市場支配力指数のミクロ的基礎

　さて、「確かに、市場支配力指数アプローチに基づいて不完全競争を概観することは見通しが良いが、同時に、所謂「ルーカス批判」（Lucas critique）を免れないのではないか？」という疑問が生じるであろう。すなわち、今、何か政策等によって外生変数 X を動かした際の市場価格 p や市場供給量 Q への影響を見たいとしよう。これは、「政策の因果効果（causal effects）を見る」ということである。その際は、他の変数やパラメータは固定して、X のみが変化すること自体の効果を測りたい[1]。しかし、今までの扱いにおいて、市場支配力指数 θ は、X によっては変化を受けないという意味での「深層パラメータ」（deep parameter）とはされていなかったので、実は市場支配力指数 θ は、外生変数 X の変化と共に同時に動いてしまうような何物かと捉えられるべきであるとの可能性が排除されていない。

　このことがなぜ重要かと言えば、現実には、企業の行動などを通じて、X

---

1)　この点が、データを使って実証的に因果効果を推し量ろうとする一連の研究作法において重視されることであり、なるべく、「その他の条件を一定にする」ように努力が払われる部分である。これに関しての方法論的論点については、中嶋（2016）を参照せよ。

が動くと同時に θ も動くのであれば、モデル上の思考実験では、X だけの変動を捉えているつもりが、現実は θ も動くことからも p や Q への変動が生じているかもしれないということになり、現実で生じる結果と、モデルに基づいた予想との乖離が（そもそもモデルは現実の近似でしかないが、それ以上に）甚大になるからである。そこで、以下では、我々の市場支配力指数のミクロ的基礎を考えることで、一般の外生変数 X とは独立のものであることを論じたい。

　まず各企業 $i = 1, 2, \cdots, N \geq 2$ の目的関数は、次のように、自社の利潤と、他社の利潤を勘案しているものとする。すなわち、各企業 i は、自己の純然たる利潤 π_i のみならず、他企業のそれら $\pi_j, j \neq i$ の利潤も勘案しているとして、「結合利潤」

$$\hat{\pi}_i = \pi_i + \kappa_i \sum_{j \neq i} \pi_j \qquad (2.1)$$

を最大化している状況を考える。ここで、$\kappa_i \in [0, 1]$ は、企業 i の「協調度」（cooperative attitude）を示すパラメータであり、これは、Shubik（1980, pp. 42–43）が "measure of the i-th player's cooperative attitude to his fellow players" と呼ぶ指標と対応している[2]。以下、対称性を仮定し、$\kappa_1 = \kappa_2 = \cdots = \kappa_N \equiv \kappa$ とする。

同質財が想定された数量競争

　まず、同質財、すなわち、逆需要関数が $p(Q)$ で与えられている状況における数量競争のケースを考えると、企業レヴェルの一階条件は（$c \geq 0$ を定数の限界費用として）、

$$\frac{\partial \hat{\pi}_i}{\partial q_i} = [p(Q) - c] + p'(Q) q_i + \kappa \sum_{j \neq i} p'(Q) q_j = 0$$

---

2)　この論点を想起する切っ掛けとなった林貴志教授との議論に感謝したい。なお、Shubik（1980, p. 42）に拠れば、このような考え方はイギリスの経済学者フランシス・イシドロ・エッジワース（1845–1926）によって提起されたものであり、Edgeworth（1881, p. 53）に従えば、我々の κ_i は、「共感係数」（"the coefficient of sympathy"）と呼ばれることになる（Cyert and DeGroot 1973 や Symeonidis 2008 も参照）。なお、企業数が 2 の場合には、松村（2012）や松村・松島（2014）が論じているように、$\pi_i - \alpha \pi_j$ のように $\alpha \in [-1, 1]$ を用いて、「相対利潤」としての解釈が可能となる（$\alpha = -1$ が完全カルテル（独占）、$\alpha = 1$ が完全競争に対応）。

となり、対称性（$q_1 = q_2 = \cdots = q_N \equiv q$, $Q = Nq$）から、

$$\frac{p(Q)-c}{p(Q)} = -\frac{p'(Q)q}{p(Q)}[1 + \kappa(N-1)]$$

$$= \frac{1}{N}\left(-\frac{p'(Q)Nq}{p(Q)}\right)[1 + \kappa(N-1)]$$

$$= \frac{1 + \kappa(N-1)}{N}\left(-\frac{p'(Q)Q}{p(Q)}\right)$$

$$= \frac{\theta_{N,\kappa}}{\varepsilon_1}$$

というラーナー公式が得られる。

　ここで、市場支配力指数は、

$$\theta_{N,\kappa} \equiv \frac{1 + \kappa(N-1)}{N}$$

と定義されるべきものであることが分かり、それは産業の協調度 κ と企業数 N に依存している。特に、

$$\frac{\partial \theta_{N,\kappa}}{\partial N} = -\frac{1-\kappa}{N^2}$$

であるので、産業が完全協調的でなければ（すなわち、$\kappa < 1$ であれば）、図 1.5 で仮定された市場支配力指数 θ の企業数 N に関する減少性は、このように導かれることになる。ここで、$\kappa = 0$ とすると、$\theta_{N,\kappa} = 1/N$ となり、これは、ナッシュ均衡における市場支配力指数の値と解釈される。他方、$\kappa = 1$ とすると、$\theta_{N,\kappa} = 1$ となり、これは、独占（あるいは完全協調）のケースに対応している。

　ここで、クールノーの極限定理（Cournot's limit theorem; Cournot 1838）とは、$\kappa = 0$ の下で、企業数を無限に大きくすると、$\theta_{N,\kappa=0} = 1/N \to 0$ となり、したがって、均衡価格 p^* が限界費用に近付いていくことを主張するものであるが、「協調度」が考慮されている場合は $\lim_{N\to\infty} \theta_{N,\kappa} = \kappa$ となり、必ずしも 0 に収束しないことが分かる。しかし、協調度 κ が企業数 N と独立なのではなく、$\lim_{N\to\infty} \kappa(N) = 0$ となるような、N の減少関数であるならば、クールノーの極限定理のように、企業数 N が無限に大きくなるにつれて、均衡価格 p^* が限界費用に近付いていく。

製品差別化が想定された価格競争

次に、製品差別化が想定された下での価格競争を考えると、企業 i の需要は、$\mathbf{p}=(p_1, p_2, \cdots, p_N)$ として、$q_i(\mathbf{p})$ で与えられる[3]。すると、企業 i の一階条件は、

$$\frac{\partial \hat{\pi}_i}{\partial p_i} = q_i(\mathbf{p}) + (p_i - c)\frac{\partial q_i}{\partial p_i}(\mathbf{p}) + \kappa \sum_{j \neq i}(p_j - c)\frac{\partial q_j}{\partial p_i}(\mathbf{p}) = 0$$

となる。以下、対象均衡を考えるので、対象価格下における各企業の需要は、$q(p) \equiv q_i(p, p, \cdots, p)$ と表し、更に、個別企業の自己価格弾力性を

$$\varepsilon_{\text{own}}(p) \equiv -\frac{p}{q}\frac{\partial q_i}{\partial p_i}(p, p, ..., p)$$

と定義し、同様に、個別企業の交差価格弾力性を、任意の $j \neq i$ について

$$\varepsilon_{\text{cross}}(p) \equiv \frac{p}{q}\frac{\partial q_j}{\partial p_i}(p, p, ..., p) > 0$$

と定義する。

ここで、対称価格においては、一階条件は

$$q(p) + (p-c)\left[\frac{\partial q_i}{\partial p_i}(p, p, ..., p) + \kappa(N-1)\frac{\partial q_j}{\partial p_i}(p, p, ..., p)\right] = 0$$

と簡単化されることを利用して、更に、

$$\frac{p-c}{p}\left[1 - \kappa(N-1)\frac{\varepsilon_{\text{cross}}(p)}{\varepsilon_{\text{own}}(p)}\right] = \frac{1}{\varepsilon_{\text{own}}(p)} \tag{2.2}$$

が得られる。第1章第1.1節で定義した産業全体の価格弾力性 ε_1 は、$Q = Nq$ の下では、

$$\varepsilon_1(p) = -\frac{p}{q}q'(p)$$

となり、任意の $j \neq i$ について

---

3) 製品差別化の下での数量競争を考えるためには、企業 i の逆需要として $p_i(q_1, q_2, \cdots, q_N)$ を考えて、同様の議論を行えば良い。

第2章　市場支配力指数のミクロ的基礎および発展的概念　　21

$$q'(p) = \frac{\partial q_i}{\partial p_i}\bigg|_{\mathbf{p}=(p,p,\ldots,p)} + (N-1)\frac{\partial q_i}{\partial p_j}\bigg|_{\mathbf{p}=(p,p,\ldots,p)}$$

$$= \frac{\partial q_i}{\partial p_i}\bigg|_{\mathbf{p}=(p,p,\ldots,p)} + (N-1)\frac{\partial q_j}{\partial p_i}\bigg|_{\mathbf{p}=(p,p,\ldots,p)}$$

となることから、

$$\varepsilon_{\mathrm{I}}(p) = \varepsilon_{\mathrm{own}}(p) - (N-1)\varepsilon_{\mathrm{cross}}(p) \tag{2.3}$$

という関係が得られる[4]。

　したがって、式 (2.2) は、

$$\frac{p-c}{p} = \frac{1}{\varepsilon_{\mathrm{I}}}\cdot\frac{\varepsilon_{\mathrm{I}}}{\varepsilon_{\mathrm{own}}}\cdot\frac{1}{1-\kappa\dfrac{\varepsilon_{\mathrm{own}}-\varepsilon_{\mathrm{I}}}{\varepsilon_{\mathrm{own}}}}$$

と書け、これは、市場支配力指数を

$$\theta_{\varepsilon_{\mathrm{own}},\kappa}(p) \equiv \frac{1}{(1-\kappa)\dfrac{\varepsilon_{\mathrm{own}}(p)}{\varepsilon_{\mathrm{I}}(p)}+\kappa}$$

と定義することによって、

$$\frac{p-c}{p} = \frac{\theta_{\varepsilon_{\mathrm{own}},\kappa}}{\varepsilon_{\mathrm{I}}} \tag{2.4}$$

というラーナー公式が得られることになる。

　ここで、式 (2.3) より、各価格 p で、$\varepsilon_{\mathrm{own}}(p)$ が取り得る最小の値は、$\varepsilon_{\mathrm{I}}(p)$ であるが、両者が一致するのは、企業の需要自身が産業の需要と一致しているケース、すなわち、独占の時である、この時は、

$$\theta_{\varepsilon_{\mathrm{own}}-\varepsilon_{\mathrm{I}},\kappa}(p) = \frac{1}{(1-\kappa)\dfrac{\varepsilon_{\mathrm{I}}(p)}{\varepsilon_{\mathrm{I}}(p)}+\kappa} = 1$$

となる。他方、製品差別化の度合いが低くなり、各財が同質的になるにつれて、$\varepsilon_{\mathrm{own}}$ は無限に大きくなる。したがって、産業が完全に協調的でない場合 ($\kappa<1$) は、$\lim_{\varepsilon_{\mathrm{own}}\to\infty}\theta_{\varepsilon_{\mathrm{own}},\kappa}=0$ となっている。ここで、企業数 N はこの議論に

---

4)　Holmes (1989) によって示されているので、ホームズ分解（Holmes decomposition）と呼ばれよう。

登場しないという点が重要である[5]。すなわち、製品差別化の下での価格競争において、競争の程度を決めるのは、$\varepsilon_{\mathrm{own}}/\varepsilon_1$ で表される、製品差別化の程度であることが分かる。

なお、産業の協調度が完全であれば（$\kappa=1$）、市場支配力指数の値は1であり、対照的に、産業の協調度がゼロであれば（$\kappa=0$）、ラーナー公式は

$$\frac{p-c}{p} = \frac{1}{\varepsilon_{\mathrm{own}}}$$

となり、これは価格競争下でのナッシュ均衡におけるラーナー公式と一致している。以上の議論をまとめると、対称的状況における市場支配力指数のミクロ的基礎づけを持つ表現は、表2.1のようにまとめられる。

表2.1　ミクロ的に基礎づけられた市場支配力指数の表現

	同質財が想定された数量競争	製品差別化が想定された価格競争
市場支配力指数	$\theta_{N,\kappa} \equiv \dfrac{1+\kappa(N-1)}{N}$	$\theta_{\varepsilon_{\mathrm{own}},\kappa}(p) \equiv \dfrac{1}{(1-\kappa)\dfrac{\varepsilon_{\mathrm{own}}(p)}{\varepsilon_1(p)}+\kappa}$

いずれにせよ、市場支配力指数 θ は、為替や税率の変化といったような外生変数や企業の費用構造とは独立に考えられるべきものである（第3章では、市場支配力指数アプローチに基づいて不完全競争を考えた上での課税問題について紹介する）。ただし、依然として、産業における協調度 κ がどのように決まるかについては、不問のままである。この点については、数値例において競争政策との関連を考える第4章第4.3節で再び触れることとする。なお、産業の協調度 κ は、産業における株主所有構造（下谷 2009；小田切 2019，第12章）とも密接に関わるものと考えられよう[6]。

我々の市場支配力指数アプローチは、「利潤の最大化」という、ある程度の合理性を担保しながらも、競争政策における最重要概念である「一定の取

---

5) もちろん、前項でのように、κ が企業数 N の減少関数であることを追加的に考えても良い。
6) 少数の機関投資家が大企業の株式の大きな比率を所有することで、産業における企業間の競争を弱めることが懸念される「共通所有」（common ownership）の状況である（Schmalz 2018; López and Vives 2019; Sato and Matsumura 2020; Backus, Conlon, and Sinkinson 2021）。

引分野における競争の実質的制限」（第5章第5.2節参照。なお、独禁法学における「一定の取引分野」とは市場のことを指す）との関連において包括的な議論を展開するために、緩い意味での合理性をしか前提としないという「柔軟性」を保持している折衷的な立場にあるものと言える。

不完全競争的な財市場を考慮した産業モデル

ここでは、以上のようにミクロ的に基礎づけられた市場支配力指数を用いて、財市場の不完全競争性が考慮された Adachi and Bao（2022）による産業モデル（industry model）の分析を紹介する。これは、「はじめに」で言及した Jaffe, Minton, Mulligan, and Murphy（2019）で記述されている「シカゴ価格理論」流の産業モデル（同書第11章）における完全競争的な財市場を不完全競争的な市場に拡張したものになっている。

まず、引き続き、市場需要と限界費用は、それぞれ $Q(P)$ と $\mathrm{MC}(Q)$ で表されているとする。ここでは、マクロ的な意味合いを兼ねて、価格は大文字 P を用いている。なお、この生産には固定費はかからないものと考える。ここで、賃金率 $w>0$ とレント率 $r>0$ が与えられ、収穫一定（constant returns to scale; CRS）の仮定のもとでは、生産量 Q に対しての費用関数 $C(w, r, Q)$ は、$C(w, r, Q)=Q\cdot C(w, r, 1)$ を満たし、生産の限界費用は一定である。すなわち、$\mathrm{MC}(Q)=C(w, r, 1)\equiv c\geq 0$ が任意の $Q>0$ で成り立っている。また、生産関数 $Q=F(L, K)$ で表される生産過程における労働と資本の投入量をそれぞれ $L>0$、$K>0$ とする。

この設定のもとにおける産業モデルは、

$$\begin{cases} 1.\ \dfrac{P-\mathrm{MC}}{P}=\dfrac{\theta_{\varepsilon_{\mathrm{own}}, \kappa}}{\varepsilon_I} \\ 2.\ Q=Q(P) \\ 3.\ L=\dfrac{\partial C(w, r, Q)}{\partial w}\ \text{and}\ K=\dfrac{\partial C(w, r, Q)}{\partial r} \\ 4.\ Q=F(L, K) \end{cases}$$

で記述されるシステムである。まず、1番目の式は、上述の式（2.4）に対応している。2番目の式は、財市場における需給一致条件であり、3番目の式

は、労働市場・資本市場が完全競争市場であり、そこでは、企業はプライス・テイカーとして行動していることを示している。最後の式は、生産条件を記述している。

ここで、$s_L \equiv (wL)/(PQ)$ と $s_K \equiv (rK)/(PQ)$ を、それぞれ、総所得（企業収益を除く）に占める労働分配率、資本分配率とし、また、（絶対的な変化量ではなく）変化率を Δ で表したとき（例えば、$\Delta P \equiv dP/P = d \ln P$）、

$$\Delta \frac{L}{K} = \sigma \cdot \Delta \frac{r}{w}$$

によって、代替の弾力性 $\sigma > 0$ を定義する。更に、産業全体の需要の曲率（curvature）――「価格が 1% 上昇したときに、需要曲線の傾きが何 % 変化するか」の指標――を

$$\alpha_1(P) \equiv -\frac{Pq''(P)}{q'(P)}$$

によって定義すると、このシステムの摂動系（perturbed system）は

$$\begin{cases} 1. \ \Delta P = \dfrac{s_L \Delta w + s_K \Delta r}{1 + \theta_{\varepsilon_{\text{own}}, \kappa} \cdot \left[1 - \dfrac{\alpha_1 + \psi}{\varepsilon_1}\right]} \\ 2. \ \Delta Q = \varepsilon_1 \Delta P \\ 3. \ \Delta L - \Delta K = \sigma \cdot (\Delta r - \Delta w) \\ 4. \ \Delta Q = s_L \Delta L + s_K \Delta K \end{cases}$$

で表現される（Adachi and Bao 2022）。ここで、

$$\psi \equiv -(1-\kappa)\frac{\alpha_1 - \varepsilon_1 + \left(\dfrac{P \cdot \varepsilon'_{\text{own}}}{\varepsilon_{\text{own}}} - 1\right)}{(1-\kappa) + \kappa \cdot \left(\dfrac{\varepsilon_1}{\varepsilon_{\text{own}}}\right)}$$

と定義されており（κ の定義は、本節冒頭で説明済み）、また、

$$\frac{P \cdot \varepsilon'_{\text{own}}}{\varepsilon_{\text{own}}}$$

は個別企業需要のキンボール超弾力性（Kimball super-elasticity; Kimball 1995）である。これが、1 以上であるとき、かつそのときのみに、個別企業需要の

対数が凹（log-concave）である。

仮に、$\kappa=0$ の場合、

$$\Delta P = \frac{s_L \Delta w + s_K \Delta r}{1 + \theta_{\varepsilon_{\mathrm{own}},\kappa} \cdot \dfrac{\dfrac{P \cdot \varepsilon'_{\mathrm{own}}}{\varepsilon_{\mathrm{own}}} - 1}{\varepsilon_{\mathrm{I}}}}$$

となるので、個別企業需要が対数凹であるならば、分母は 1 以上となるため、$\Delta P \leq s_L \Delta w + s_K \Delta r$ となる、すなわち、限界費用の上昇分に対して、最終価格の上昇分は小さいという意味で、転嫁は吸収的（absorbing）となっている。

　一般には、Adachi and Bao（2022）が論じているように、転嫁が吸収的であることの必要十分条件は、均衡価格の近傍で、産業の需要が $\alpha_{\mathrm{I}} < \varepsilon_{\mathrm{I}} - \psi$ を満たしていることであり、これは、産業の需要がこの不等式を満たすほどには、均衡の近傍において、強く凸的にはなっていないことを意味している。

　また、Adachi and Bao（2022）では、(i) 資本は固定されている（$\Delta K=0$）が、レントは変動する（$\Delta r \neq 0$）短期と、(ii) $\Delta r=0$ となる長期に分けて、摂動系が分析されている。前者においては、4 本の式に対して、未知の変数は ΔP、ΔY、ΔL、Δr であり、後者においては、Δw が与えられると、未知の変数は ΔP、ΔY、ΔL、ΔK である。

　ここで、総生産額に対する利潤シェア

$$s_{\Pi} \equiv \frac{PY - wL - rK}{PY} = 1 - s_K - s_L$$

で定義しよう。すると、賃金の変化 $\Delta w \gtrless 0$ に対して、まず短期における雇用量 L とレント r の変化率は、

$$\begin{pmatrix} \dfrac{\Delta L^{\mathrm{SR}}}{\Delta w} \\[2ex] \dfrac{\Delta r}{\Delta w} \end{pmatrix} = \frac{1}{\sigma \cdot s_L + \dfrac{\varepsilon_{\mathrm{I}}}{1 + \theta_{\varepsilon_{\mathrm{own}},\kappa} \cdot \left[1 - \dfrac{\alpha_{\mathrm{I}} + \psi}{\varepsilon_{\mathrm{I}}} \right]} s_K} \begin{pmatrix} -\dfrac{1 - s_{\Pi}}{1 + \theta_{\varepsilon_{\mathrm{own}},\kappa} \cdot \left[1 - \dfrac{\alpha_{\mathrm{I}} + \psi}{\varepsilon_{\mathrm{I}}} \right]} \cdot \varepsilon_{\mathrm{I}} \cdot \sigma \\[3ex] \left(\sigma - \dfrac{\varepsilon_{\mathrm{I}}}{\theta_{\varepsilon_{\mathrm{own}},\kappa} \cdot \left[1 - \dfrac{\alpha_{\mathrm{I}} + \psi}{\varepsilon_{\mathrm{I}}} \right]} \right) \cdot s_L \end{pmatrix}$$

のように表される（SR は短期を意味する）。したがって、賃金 w とレント r の変化が同方向であるための必要十分条件は、短期均衡において

$$\sigma > \frac{\varepsilon_{\mathrm{I}}}{\theta_{\varepsilon_{\mathrm{own},K}} \cdot \left[1 - \frac{\alpha_{\mathrm{I}} + \psi}{\varepsilon_{\mathrm{I}}}\right]} \qquad (2.5)$$

が成立していることである。

他方、長期において、労働雇用量 L と使用資本量 K の変化率は、

$$\begin{pmatrix} \dfrac{\Delta L^{\mathrm{LR}}}{\Delta w} \\[2ex] \dfrac{\Delta K}{\Delta w} \end{pmatrix} = \frac{1}{1 - s_{\Pi}} \begin{pmatrix} -\left(s_K + \sigma \cdot \dfrac{s_L \cdot \varepsilon_{\mathrm{I}}}{\theta_{\varepsilon_{\mathrm{own},K}} \cdot \left[1 - \dfrac{\alpha_{\mathrm{I}} + \psi}{\varepsilon_{\mathrm{I}}}\right]}\right) \\[4ex] \left(\sigma - \dfrac{\varepsilon_{\mathrm{I}}}{\theta_{\varepsilon_{\mathrm{own},K}} \cdot \left[1 - \dfrac{\alpha_{\mathrm{I}} + \psi}{\varepsilon_{\mathrm{I}}}\right]}\right) \cdot s_L \end{pmatrix}$$

となる（LR は長期を意味する）。したがって、賃金 w と使用資本量 K の変化が同方向であるための必要十分条件は、長期均衡において

$$\sigma > \frac{\varepsilon_{\mathrm{I}}}{\theta_{\varepsilon_{\mathrm{own},K}} \cdot \left[1 - \frac{\alpha_{\mathrm{I}} + \psi}{\varepsilon_{\mathrm{I}}}\right]} \qquad (2.6)$$

が成立していることである。直ちに分かるように、不等式（2.5）と（2.6）は同形である。

なお、ここでの議論では、財市場のみに不完全競争性を導入しており、労働市場や資本市場は完全競争的であることを仮定している点に注意されたい。

補論　資本形成の動学モデル [7]

上の産業モデルにおいては、投入財として労働と資本を明示的に考えた。理想的には、資本市場を考える上では動学的な設定が望まれるが、静学的なモデル設定に焦点を当てる本書の範囲外となる。ただし、財・サーヴィス市場の不完全競争のみならず、労働や資本などの要素投入市場を扱い、投資や資本形成を考慮しながら「不完全競争の経済学」を今後展開していくための

---

7) ここでの記述は、安達貴教「耐久財の静学モデルと動学モデル：森嶋の「耐久財のディレンマ」再考」『経済セミナー』2021 年 2・3 月号、pp. 73–78 に基づいている。本書での活用をお認めいただいた『経済セミナー』編集部（日本評論社）に感謝したい。なお、そこでの主題とされている、経済学者・森嶋通夫（1923–2004）流の静学モデルと、「シカゴ価格理論」流の動学モデルとの対比については、本書では扱わず、後者のみに焦点を当てている。関心のある読者は、当該論文を直接参照されたい。

予備作業として、完全競争的なフレームワークではあるが、Jaffe, Minton, Mulligan, and Murphy（2019）で記述されている「シカゴ価格理論」流の動学モデル（同書第 15 章）を紹介しておこう。それは、各 t 期において

$$
\begin{cases}
K_t = D(R_t) \ （レンタル市場の需給均衡式） & (2.7) \\
P_t = R_t + \dfrac{1-\delta}{1+r} R_{t+1} + \dfrac{(1-\delta)^2}{(1+r)^2} R_{t+2} + \cdots \ （裁定式） & (2.8) \\
I_t = I(P_t) \ （投資「市場」[8] の需給均衡式） & (2.9) \\
K_t = (1-\delta) K_{t-1} + I_t \ （資本の「運動法則」を示す遷移式） & (2.10)
\end{cases}
$$

として記述されるものである。ここで、$R_t > 0$ は資本のレンタル料金（賃料）、$P_t > 0$ は資本財の販売価格（資産価値）を示している。また、$D(\cdot)$ は資本に対する需要、$I(\cdot)$ は投資への供給を示すものである。この t 期においての資本の総量は K_t、投資の総量は I_t となっている。なお、$r > 0$ は利子率、$\delta \in [0, 1)$ は資本減耗率である。

これを前提とすると、定常状態は

$$
\begin{cases}
K^* = D(R^*) \\
P^* = \dfrac{(1+r) R^*}{r+\delta} \\
I^* = I(P^*) \\
K^* = \dfrac{I^*}{\delta}
\end{cases}
$$

で記述される。なぜならば、まず、式（2.7）と式（2.9）から、式（2.10）は、

$$
D(R_t) = (1-\delta) D(R_{t-1}) + I(P_t)
$$

となり、したがって、式（2.8）を用いると、

$$
D(R_t) = (1-\delta) D(R_{t-1}) + I\!\left(R_t + \frac{1-\delta}{1+r} R_{t+1} + \frac{(1-\delta)^2}{(1+r)^2} R_{t+2} + \cdots \right) \quad (2.11)
$$

を得ることができる。ここで、定常性の条件（$R_{t-1} = R_t = R_{t+1} = \cdots \equiv R^*$）を

---

8) 投資「市場」と括弧付きにしているのは、「投資財」という何か具体的な財が取引されている市場ではなく、金融市場における貯蓄を背後にした、投資の供給と需要がバランスするようなメカニズムを「市場」と考えているからである。

用いると、式 (2.11) は、

$$D(R^*) = (1-\delta)D(R^*) + I\left(R^* + \frac{1-\delta}{1+r}R^* + \frac{(1-\delta)^2}{(1+r)^2}R^* + \cdots\right)$$

となるが、

$$R^* + \frac{1-\delta}{1+r}R^* + \frac{(1-\delta)^2}{(1+r)^2}R^* + \cdots = \frac{1+r}{r+\delta}R^*$$

であるので、これを P^* と定義すれば、式 (2.11) は、

$$\delta D(R^*) = I(P^*)$$

となり、式 (2.7) と式 (2.9) からそれぞれ、$K^* = D(R^*)$、$I = I(P^*)$ と定義すれば、定常状態における式 (2.10) は、$\delta K^* = I^*$ となることが分かるのである[9]。

なお、シカゴ価格理論の「資本の運動法則」（式 2.10）は、$I_t - \delta K_{t-1} = K_t - K_{t-1}$ と変形することで、

$$\frac{I_t}{K_{t-1}} = \frac{K_t - K_{t-1}}{K_{t-1}} + \delta$$

とも表現される[10]。ここで、右辺第 1 項の $(K_t - K_{t-1})/K_{t-1}$ は、主にマルクス経済学において、「（純）資本蓄積率」と呼ばれる概念であり、もし資本減耗が考慮されない（すなわち、$\delta = 0$）ものとすると、それは、資本ストック当たりの粗投資、すなわち、（粗）資本蓄積率の I_t/K_{t-1} と一致することを意味している（佐々木 2018, 69 頁；阿部他 2019, 107 頁）。シカゴ価格理論が注目する定常状態においては、$I^*/K^* = \delta$ となっているが、これは、「（粗）資本蓄積率が資本減耗率に等しくなっている」ことを示していると同時に、「（純）資本蓄積率はゼロである」という結果も表している。これが、マルクス経済学とは異なり、シカゴ価格理論などの新古典派経済学において、（純）資本蓄積率に焦点が当たらない理由であろう。

---

9) なお、定常状態に焦点を当てて分析をする際には、定常状態が安定、すなわち、式 (2.11) を差分方程式と見た場合、これを満たす数列 $\{R_t\}$ が R^* に収束することが前提となっているが、それが保証されるかどうかについては、この式が高階かつ非線形なので、議論が困難という問題は残っている（この論点をご提示いただいた、佐々木啓明教授に感謝したい）。

10) 大西（2020, 143 頁）は、消費財と生産財の 2 部門を想定するマルクス経済学の伝統に沿って（消費財は生産財と労働によって「生産」されるが、生産財は、労働と資本の運動法則によって「生産」される）、ここでの「資本の運動法則」（式 2.10）に対応する式を、生産財生産部門の「生産関数」と呼んでいる。

第2章　市場支配力指数のミクロ的基礎および発展的概念　　29

　それでは、本論の方で論じた「産業モデル」の分析に倣って、両者の摂動系（perturbed system）を考えてみよう。以下では、外生的に与えられている利子率 r の変化 $\Delta r > 0$ が、レンタル価格に与える影響 ΔR と、投資の（シャドー）価格に与える影響 ΔP について分析する。

　まず、$\varepsilon_R \equiv (\partial D/\partial R)/(R/D) < 0$ によって「レンタル需要の価格弾力性」を、$\varepsilon_I \equiv (\partial I/\partial P)/(P/I) < 0$ によって「投資供給の価格弾力性」を定義する。すると、定常状態においては、

$$\begin{cases} \Delta K = \varepsilon_R \Delta R \\ \Delta I = \varepsilon_I \Delta P \\ \Delta I = \dfrac{\delta K}{I} \Delta K \end{cases}$$

となっているので、

$$\begin{pmatrix} \dfrac{\delta K}{I}\varepsilon_R & -\varepsilon_I \\ 1 & -1 \end{pmatrix} \begin{pmatrix} \dfrac{\Delta R}{\Delta r} \\ \dfrac{\Delta P}{\Delta r} \end{pmatrix} = \begin{pmatrix} 0 \\ \dfrac{(1-\delta)r}{(r+\delta)(1+r)} \end{pmatrix}$$

とまとめられる [11]。したがって、

$$\begin{pmatrix} \dfrac{\Delta R}{\Delta r} \\ \dfrac{\Delta P}{\Delta r} \end{pmatrix} = \dfrac{-(1-\delta)r}{(r+\delta)(1+r)\underbrace{\left(\dfrac{\delta K}{I}\varepsilon_R + \varepsilon_I \right)}_{<0}} \begin{pmatrix} \varepsilon_I \\ \dfrac{\delta K}{I}\varepsilon_R \end{pmatrix}$$

となるので、$\Delta R/\Delta r < 0$、かつ $\Delta P/\Delta r < 0$ が導かれ、よって、$\Delta K/\Delta r > 0$ と

---

11)　裁定条件の式（2.8）より、

$$\Delta P = \left(\dfrac{1+r}{r+\delta} \right)\left(\dfrac{R}{P} \right)\Delta R - \dfrac{(1-\delta)r}{(r+\delta)^2}\left(\dfrac{R}{P} \right)\Delta r$$

となっているが、ここで、もう一度裁定条件に着目すると、均衡の相対賃料は

$$\dfrac{R}{P} = \dfrac{r+\delta}{1+r}$$

なので（なお、ここで $\delta < 1$ であることより、「均衡のレンタル価格 R は、均衡の販売価格／投資価格 P よりも低い」ことが分かる）、

$$\Delta P = \Delta R - \dfrac{(1-\delta)r}{(r+\delta)(1+r)}\Delta r$$

と簡単化される。

30 　第 I 部　市場支配力指数アプローチの基礎

$\Delta I/\Delta r > 0$ であることが分かる。

　この直感的理由は以下のようになる。まず ΔI と ΔK は同符号でなければならなければならず、したがって、ΔR と ΔP も同符号でなければならない。ここで、$R<P$ より、$\Delta R>0$ かつ $\Delta P>0$ であると、裁定条件の右辺の上昇に対して、R/P は減少となり、矛盾である。したがって、残る可能性は $\Delta R<0$ と $\Delta P<0$ であることが分かるのである。

　以上の枠組みにおいては、利子率 r の上昇は、裁定条件から決まる均衡相対賃料 $R^*/P^* = (r+\delta)/(1+r)$ の上昇を必然的に伴う。これは、投資財価格 P^* の減少を意味し、したがって、投資量 I^* の増加を引き起こす。これは、既存資本ストック K^* を上昇させる。

　なお、賃料 R を固定すると、投資需要 $I[\{(1+r)R/(r+\delta)\}]$ は利子率 r の減少関数であるため、一見、利子率 r の増加は、投資量 I を減少させるように考えられる。しかしながら、R が内生的に決まっているという「均衡で考える」と、上で示したように、$\Delta I/\Delta r > 0$ となることに注意が必要である。

　今後の研究課題としては、まず、完全競争的枠組みを保ちながら、利子率 r が内生変数であるような拡張されたメカニズムを考え、そこにおいて何らかの外生変数が変化した際に、$\Delta I/\Delta r$ の符号がマイナスになるかどうかを検討することがまず挙げられる[12]。同時に、財の耐久性を明示的に考慮せずして財市場に不完全競争を導入しようとするここでの議論は、耐久性が重要となってくるような財、例えば、住宅財市場においてどのように適用されうるのかについて、その考察を前進させることもまた重要であろう。なぜならば、住宅財市場（不動産業界）をはじめ、やはり、財の耐久性が関わる多くの市場（「分譲マンション市場と賃貸マンション市場」など）は完全競争的であると想定するのは相当に無理な現実近似であると考えられるからである。

　このように、耐久財市場に限らず、市場全体における不完全競争性を考慮しようとする試みは、森嶋（1994）が着目したケインズ経済学（Keynes 1936）的論点のみならず、ポーランドの経済学者ミハウ・カレツキ（1899–

---

12)　森嶋（1994）の第 18 章「ケインズ (2) ─セイ法則の清算」においては、そのような体系の一つとして、静学的なケインズ・モデルが素描されている。これについては、山下（1996）が更なる考察を展開している。

第2章　市場支配力指数のミクロ的基礎および発展的概念　　31

1970) が提示した視点（Kalecki 1971）とも関連すると考えられ、今後の研究に委ねられるところが大きい[13]。本書の最終第8章においては、そのような方向性における一つの試みを提示している。

2.2　「推測的変動」概念との関係

ここでは、以下で定義する、対称性の下での各企業にとって推測的変動（conjectural variation）パラメータを$\eta \in [-1, 1]$、企業数（これもまたパラメータ）をNとして、ある一つのゲーム・フォームにおける$\theta(N; \eta)$を内生的に導出してみることによって、市場支配力指数θとの関係を考えてみたい。以下、柳川（2003, p. 89）の定式化に従う。まずは線形の（逆）需要関数$p = a - bQ$が与えられている。ここで、各企業$i = 1, 2, .., N$の生産量をq_iと書くと、市場全体の生産量は$Q = \Sigma_i q_i$で、全企業が共通に服する価格が決まるという意味での同質財市場となっている。なお、各企業共通の限界費用は、$mc(q_i) = c > 0$と与えるので、産業全体の限界費用関数をNに依存させる余地は無い。

それでは、「推測的変動」という概念を導入することにしよう。それは、「企業iが自らの生産量q_iを1単位変化させるとき、企業$j \neq i$の生産量q_jがdq_j/dq_i変わると考える」（柳川 2003, p. 71）と想定する時のdq_k/dq_iである。これは$N \times N$個あるが、企業jと企業k間の対称性$dq_k/dq_j = dq_j/dq_k$を想定し、

---

13)　ジョーン・ロビンソン（第1章の末尾参照）は、経済学者の宇沢弘文（1928-2014）との対談（『季刊現代経済』第10号、1973年秋）において、「カレツキーは、ケインズのように広範な問題や哲学的な論点を取り扱うことはなかったが、理論体系としての斉合性はケインズよりもすぐれていたと思う」（宇沢1987, 13頁）との評価を与えている。なお、ケインズとカレツキの学説史的比較については鍋島（2001）を、カレツキ経済学の展開については、例えば、大野・西（2011）、佐々木（2011, 2018）などを参照されたい。また、栗田（2011）は、一見対立するかのように見えるカレツキとマルクスの競争観に「不完全競争」という視点からの共通性を見出そうとしている（同様に根岸（2001）も、『資本論』第1巻における資本家間の競争を「完全競争ではなくて、寡占的な競争」（77頁）と捉えている）。ちなみに、筆者自身は、不完全競争の導入によって、「シカゴ価格理論」における「定常状態における資本運動式」：$I^*/K^* = \delta$がどのようにして「打ち破られるのか」あるいは、「一般化されるのか」が重要と見ている。但し、$I^*/K^* = \delta$は、企業セクターの資本設備の増減が無いことを意味しているが、ここからの逸脱は、企業セクターの資本設備の際限の無い増加や、ゼロへの収束というあまり意味のない定常状態を考えるのでないならば、何らかの循環を伴うようなメカニズム（例えば、宇沢（1986）を参照）を考えなければならないかもしれない。

32 第Ⅰ部 市場支配力指数アプローチの基礎

また、企業間の対称性も考慮すれば、dq_j/dq_i の一つだけに着目すれば良く、かつこれが定数で与えられるものとすれば、$dq_j/dq_i = \eta$ というようにパラメータとして導入することができる[14]。

ここで、企業1の利潤最大化の一階条件は、

$$a - c - b\left(2q_1 + \sum_{j \neq 1} q_j\right) - b\left(\sum_{j \neq 1} \frac{\partial q_j}{\partial q_1}\right)q_1 = 0$$

と書けるので、対称性を課することで書き換えられ、すなわち、

$$a - c = b[(N+1) + (N-1)\eta]q$$

が各企業の生産量 q が満たすべき式となる。柳川（2003）同様、$S \equiv (a-c)/b$ と定義すれば、市場全体の均衡供給量は

$$Q = \frac{NS}{(N+1) + (N-1)\eta}$$

と表現される。他方、市場支配力指数アプローチに従い、市場供給量 Q の全ての値に共通なパラメータ θ を用いれば、均衡供給量は、式（1.2）から

$$Q = \frac{S}{1+\theta}$$

と書ける[15]。よって、推測的変動パラメータ λ が与えられる場合の市場支配力指数は、

$$\theta = \frac{1}{N} + \left(1 - \frac{1}{N}\right)\eta \ (\equiv \theta(N;\eta)) \tag{2.12}$$

のように表現されることが分かる[16]。良く知られているが、ナッシュ均衡

---

14) 推測的変動に関しての纏まった解説としては、Figuières, Jean-Marie, Quérou, and Tidball（2004）がある（この文献についてご教示くださったヴィクトル・アギレガビリア教授に感謝したい）。なお、学説史的には、Bowley（1924）によって経済理論の観点から、Frisch（1933）によって計量経済学的な観点から提示がなされ、早くも日本においては、1937年に経済学者の青山秀夫（1910–1992）が両者を紹介している（青山 1937, 第3章）。また、岩田（1974）は、Iwata（1974）の主要内容に基づいて、推測的変動の推定について解説している。

15) 第5章第5.1節で固定費用を導入する際の議論と関係するが、ここでは、均衡供給量の計算のために、式（2.2）が示す「限界原理」に依拠しているため、均衡供給量が効率的供給量を上回ってしまうという所謂「過剰参入」（Excess Entry）（Mankiw and Whinston 1986; Suzumura and Kiyono 1987）は生じないようになっている。もし「自由参入」が想定される場合、各企業の限界費用がここでのように定数 c の時や、$mc(q_i) = cq_i$ のように自身の供給量について増加的の時とでここでの議論がどのように修正されるかは、興味ある読者の確認に委ねておきたい。

16) $\theta \geq 0$ であることから、η には、$\eta \geq -1/(N-1) (\geq -1)$ というように下限が付かなければならないこ

第2章　市場支配力指数のミクロ的基礎および発展的概念　　　　33

のように推測的変動を排除する場合は $\eta=0$ であり、この時は $\theta=1/N$ である。また、全企業が完全なカルテルを形成している場合、自企業の生産量の増減を、各企業のそれと同等に看做すことになるので、$\eta=1$ となる。推測的変動は、この 1 よりも小さいと想定する。他方の極端として、自企業の生産量の増加は、他の $(N-1)$ 企業に対しては、各々ちょうど同じだけの生産量の減少を引き起こすという推測のもとでは、$\eta=-1$ となる（柳川 2003, pp. 71-72）が、この極端は、先の脚注 16 で述べた理由により、$N \geq 3$ の下ではここでの設定では排除されている。

　ここで、推測的変動パラメータ $\eta \in [-1/(N-1), 1]$ を任意の値で想定した際、

$$\theta'(N;\eta) = -\frac{1-\eta}{N^2} \leq 0$$

$$\theta''(N;\eta) = \frac{2(1-\eta)}{N^3} \geq 0$$

となっているため、第 1 章第 1.3 節（p. 12）で、「自然な」とインポーズした「$\theta' \leq 0$ と $\theta'' \geq 0$」は、推測的変動をどのように措定するかに依存せずして満たされていることが確認される。すなわち、式（2.12）が示すように、市場支配力指数 θ は、推測的変動パラメータ λ と関係させようと思えばできるし、実際、「推測的変動」という行動仮説を前提として、内生的に市場支配力指数 θ を導出しても「$\theta' \leq 0$ と $\theta'' \geq 0$」が導かれるわけであるが、前章での議論から理解されるように、行動仮説としてナッシュ均衡を前提とはしない場合の寡占価格と市場供給量の導出のためには、市場支配力指数 θ を導入すれば十分であるし、推測的変動という概念の持つ曖昧さに比して、市場支配力指数の持つ意味は、式（1.2）が示すように明快なのである[17]。

　とが分かる。

17)　なお、柳川（2003）は、推測的変動パラメータ λ を用いて、限界費用価格から独占価格までの寡占価格を「連続的に」求めようとしている点では、本書と共通の問題意識を有しているが、柳川（2003）においては、限界費用価格からクールノー価格までの寡占価格を導出する時には、企業の目的は「自企業のシェアを最大化するということ」、そして、クールノー価格から独占価格までの寡占価格を導出する際は、企業の目的は「（ウェイトづけられた）共同利潤を最大化するということ」になっている。対して、市場支配力指数アプローチにおいては、第 2.1 節で論じたように、企業の目的は一貫して「結合利潤」最大化である。

2.3　生産者余剰の別表現[18]

今、式（1.2）に従って、ある市場支配力指数の値 θ の下で決まっている均衡価格を p^*、総生産量を Q^* と表すと、周知のように、消費者余剰、生産者余剰（企業利潤）、及びデッドウェイト・ロスは、図2.1のように表される。なお、Q^{FB} は、社会余剰（消費者余剰と生産者余剰の和）を最大にする（すなわち、デッドウェイト・ロスをゼロにする）生産量である。

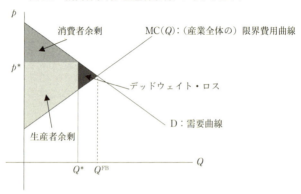

図2.1　消費者余剰、生産者余剰、デッドウェイト・ロス

ここで、θ の下で決まる Q^* を固定して、$Q \in [0, Q^*]$ における限界収入（marginal revenue）を考える。そのために、需要曲線を逆需要曲線 $p(Q)$ と解釈する。今、Q^* から $Q' < Q^*$ へ生産量を減少させた時、「集約的企業」にとっての新しい価格は、$p[Q^* + \theta(Q' - Q^*)]$ と表される。もし $\theta = 0$（完全競争）であれば、価格は変化せず、$p(Q^*) = p^*$ である。他方、$\theta = 1$（独占）であれば、新しい価格は、逆需要曲線上に沿った変化を反映した $p(Q')$ となる。市場支配力指数 θ が 0 から 1 の間にある場合、供給量の減少によって、価格は上昇するものの、新しい価格は、独占の下での水準よりも低いということになっている。

---

18)　本節の記述には、田村彌教授との議論、及び、花薗誠教授からの助力が反映されている。記して感謝したい。

そして、「集約的企業」の生産量 Q' における収入は、$p[Q^* + \theta(Q' - Q^*)]Q'$ となるので、そこでの限界収入は

$$\mathrm{MR}(Q'; Q^*, \theta) = p[Q^* + \theta(Q' - Q^*)] + \theta p'[Q^* + \theta(Q' - Q^*)]Q'$$

と書けることになる（ここで、p' は微分の意味）。これを全域に適用して、$\mathrm{MR}(Q; Q^*, \theta)$ と表現した限界収入を図示したものが図2.2で描かれている。花薗（2018, p. 237）の独占のケースの説明を敷衍すれば、太線で囲っている部分、すなわち、

$$\int_0^{Q^*} [\mathrm{MR}(Q; Q^*, \theta) - \mathrm{MC}(Q)] dQ$$

が生産者余剰の別表現を与えていることが分かる。この太点線は、θ がゼロに近付くに連れて、価格軸の切片が減少していくと同時に、傾きが緩やかになり、$\theta = 0$ では、$p(Q^{\mathrm{FB}})$ での水平線と一致する。

図2.2　生産者余剰の別表現

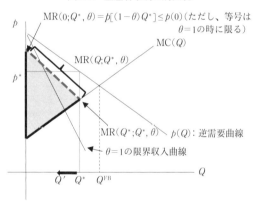

2.4　簡便な非対称性の導入

また、我々のフレームワークの自然な拡張として、Landes and Posner (1981, pp. 985-986) が説明しているような「単一の支配的企業 (a dominant firm；企業 d) と、各々が極微小な市場シェア (market share) しか持たない、

周辺的な小企業群（a fringe of small firms；企業 f）が併存する状況」という
ような非対称性を導入することも可能である。ここで、周辺的な企業群は、
価格を所与として行動する「プライス・テイカー」であるものとする。

　このような市場シェアの非対称性は生産力格差に起因する費用要因に基づ
くものであり、消費者の側から見れば、各企業の製品差別化の度合いは対称
的であるものとする。具体的には、ある価格水準 p における産業全体の需要
を Q_I として、その時の支配的企業の需要 Q_d は、$Q_\mathrm{d} = Q_\mathrm{I} - Q_\mathrm{f}$ となっている。
ここで、Q_f は、周辺的な小企業群に対しての需要分である（裏面では、周
辺的な小企業群の供給分でもある）。そして、価格 p が微小に変化した場合
の、需要の変化率は

$$\frac{\partial Q_\mathrm{d}}{\partial p} = \frac{\partial Q_\mathrm{I}}{\partial p} - \frac{\partial Q_\mathrm{f}}{\partial p}$$

となる。ここで、第 2.1 節で定義した「産業全体の需要価格弾力性」

$$\varepsilon_\mathrm{I} \equiv -\frac{p}{Q_\mathrm{I}}\frac{\partial Q_\mathrm{I}}{\partial p}$$

と同様に、

$$\varepsilon_\mathrm{f} \equiv \frac{p}{Q_\mathrm{f}}\frac{\partial Q_\mathrm{f}}{\partial p}$$

を「周辺的企業の供給の弾力性」と定義する。すると、

$$-\frac{p}{Q_\mathrm{d}}\frac{\partial Q_\mathrm{d}}{\partial p} = -\frac{\partial Q_\mathrm{I}}{\partial p}\frac{Q_\mathrm{I}}{Q_\mathrm{I}}\frac{p}{Q_\mathrm{d}} + \frac{\partial Q_\mathrm{f}}{\partial p}\frac{Q_\mathrm{f}}{Q_\mathrm{f}}\frac{p}{Q_\mathrm{d}}$$

であるので、企業 d の「個別需要の価格弾力性」

$$\varepsilon_\mathrm{d} \equiv -\frac{p}{Q_\mathrm{d}}\frac{\partial Q_\mathrm{d}}{\partial p}$$

は、

$$\varepsilon_\mathrm{d} = \frac{\varepsilon_\mathrm{I} + s_\mathrm{f}\varepsilon_\mathrm{f}}{s_\mathrm{d}}$$

と表されることが分かる。ここで、$s_\mathrm{d} \equiv Q_\mathrm{d}/Q_\mathrm{I}$ は、市場供給量に占める企業 d
の市場シェア、$s_\mathrm{f} \equiv Q_\mathrm{f}/Q_\mathrm{I} = (Q_\mathrm{I} - Q_\mathrm{d})/Q_\mathrm{I}$ は、周辺企業群の市場シェアを表し
ている。したがって、企業 d の市場支配力指数を $\theta \in [0, 1]$ とすると

$$\frac{p - \mathrm{mc}}{p} = \frac{s_\mathrm{d}\theta}{\varepsilon_\mathrm{I} + s_\mathrm{f}\varepsilon_\mathrm{f}}$$

を得ることができる（mc は企業 d の限界費用）。

第Ⅱ部

課税・広告・金融への応用

第3章 不完全競争的な財市場における 物品課税問題

第Ⅰ部で提示した市場支配力指数アプローチは、経済学入門における不完全競争の導入に便利であるのみならず、応用経済学における各種の話題を、不完全競争をベースとして展開するのにも有益であると考えられる。本章では、公共経済学（public economics）あるいは財政学（public finance）での応用例として、財 1 単位の販売に対して $t \in [0, \bar{t}]$（ただし、ここで、$\bar{t}$ は適当に定められた t の上限）の額が税額となる従量税（unit tax）、そして、財販売からの収入 1 円あたりに対して $v \in [0, 1)$ の比率で税額が決められる従価税（ad valorem tax）を考える。

3.1 パス・スルーとは何か

世界の多くの国々において、ガソリン、たばこ、アルコールなどには、売上税（sales tax；日本での消費税）に加えて従量税が課されている。また近年では、北米における一部の都市やヨーロッパの幾つかの国で、炭酸飲用水に対する課税（いわゆる「ソーダ税」）が導入され始めているが、これも従来からの一般売上税に加えて、新たに従量税が課されるものである[1]。

ガソリンや炭酸飲料水も完全に同質財とは言えないような多少の差別化はあると考えられ、また、たばこやアルコールの製品差別化の程度は無視されないものであろう。企業数も限定されていることもあり、これらの財の市場は、公共経済学や財政学の分析で通常仮定されるような完全競争ではなく、

---

[1] Allcott, Lockwood, and Taubinsky（2019）は、ソーダ税に関する経済学的な研究の視点を論じている。

不完全競争を想定するのが妥当である。

　この状況では、消費者の支払う（税込）消費者価格を p_C、販売量が Q である時には、従量税からの税額は tQ、従価税からの税額は vp_CQ となる。ここで、販売量は、消費者が価格 p_C に面している時に決まる需要量であることを明示するために、$Q(p_C)$ として需要関数を明示的に導入し、企業に納税義務があるものとすると、その利潤は（$C(\cdot)$ を費用関数として）、

$$\Pi = p_CQ(p_C) - C[Q(p_C)] - tQ(p_C) - vp_CQ$$
$$= [(1-v)p_C - t]Q - C(Q) \tag{3.1}$$

と書ける（最後の行は、$Q(p_C) = Q$ を用いて表記を簡略化）。ここで、生産者が受け取る単位当たりの販売価格（「生産者価格」と呼ぶ）は、$p_S = (1-v)p_C - t$ となっており、この表記を使えば、企業の利潤は、$\Pi = p_SQ - C(Q)$ とも書ける。ここで販売単位当たりの税額は、

$$p_C - p_S = vp_C + t \tag{3.2}$$

となっていることも分かる。

　さて、以下で、市場支配力指数アプローチによってこの状況を考える前に、現実との対応関係について若干考えたい。日本での酒類の販売を考えると、通常は、消費者は店頭の消費税抜きで酒税込みの陳列（display）価格 $\hat{p}_D$ に対して、別途消費税率 $\tilde{v}$ が課されている（消費税が 10 パーセントとすると、$\tilde{v} = 0.1$）。よって、実際の消費者の支払価格は、

$$p_C = (1 + \tilde{v})\hat{p}_D$$

となっている。ここで、現行の日本の税制においては、$\hat{p}_D$ には酒税 t も含まることになっており、$\hat{p}_D = p_S + t$ と書けば、$p_C = (1 + \tilde{v})(p_S + t)$ であるので、消費者価格から生産者価格を引いた、販売単位当たりの税額は、

$$p_C - p_S = \tilde{v}p_S + t + \tilde{v}t \tag{3.3}$$

となることが分かる。すなわち、販売者は、販売時点では、単位当たり p_C の収入を得るものの、$\tilde{v}p_S$ を消費税分として国庫に納入し、また、酒税分は t であるが、加えて、$\tilde{v}t$ の部分も納入額に含まれており、これは、二重課税（double taxation）の部分に相当している。

　もし、消費税が p_S に対してのみ課される（二重課税がない）のであれば、$p_C = (1 + \tilde{v})p_S + t$ より、単位当たりの税額は、

$$p_c - p_s = \tilde{v}p_s + t \tag{3.4}$$

となる。ここで、式（3.3）と式（3.4）を比べると、二重課税の分だけ、税収が多いように見えるが、二重課税がある時とない時とで、生産者が決める $\hat{p}_s$ は一般に異なり、二重課税の下での $\hat{p}_s$ が、二重課税の無い時の $\hat{p}_s$ よりも十分低ければ、式（3.3）の右辺の方が、式（3.4）の左辺よりも小さくなることが予想される。

また、式（3.2）と式（3.4）の違いは、式（3.2）における v は、最終価格（消費者価格）を基準とした税率、式（3.4）における $\tilde{v}$ は、陳列価格を基準とした税率である。通常、我々が理解しているのは、$\tilde{v}$ の方である（日本の消費税では $\tilde{v}=0.1$ というように）。そこで、式（3.2）と式（3.4）を関係づけるには、v は

$$1 - v = \frac{1}{1+\tilde{v}}$$

すなわち、消費税率 $\tilde{v}$ が与えられた下では、

$$v = \frac{\tilde{v}}{1+\tilde{v}}$$

と対応させれば良い。なお、$\tilde{v}=0.1$ の時は、$v=1/11 \simeq 0.091$ である。このようにして、より現実の表記と近い式（3.4）は、理論的に扱いやすい式（3.2）と関係づけられるわけである。

それでは、以上の設定において市場支配力指数アプローチを適用するために、企業の利潤は、

$$\Pi = [(1-v)p_c - t]Q(p_c) - C[Q(p_c)]$$
$$= (1-v)\left\{p_c Q - \frac{tQ + C(Q)}{1-v}\right\}$$

と表されることに注意する。すなわち、企業の利潤最大化問題を考える際は、$\{\ \}$ の中に注目すれば良い。したがって、式（1.2）は、

$$\mu = p - \frac{t + \mathrm{MC}(Q)}{1-v}$$

として、

$$\theta[(1-v)\mathrm{d}p]Q = -[(1-v)\mu]\mathrm{d}Q$$

のように拡張されることが分かる[2]。

　なお、図 3.1（A）は、消費者価格がどのように決まるかを、市場支配力指数アプローチの論理に基づいて理解するためには便利であるが、生産者余剰や税収がどのようになっているかを理解することは難しい。その点を克服するために、林正義（2019）に従って、縦軸に消費者価格 p_C と生産者価格 p_S を同時に対応させて図示したものが、図 3.1（B）である[3]。ここで、税金が導入される前の生産量は Q^0 であり、価格は太丸部分に対応したものである。税金の導入によって、デッドウェイト・ロスは増加するものの、p_C と p_S の差に対応している単位当たりの税収 $(t+vp_C)$ に新しい生産量 Q^1 を掛けた税額 $(t+vp_C)Q^1$ が発生していることが分かる[4]。

　ここで、式（3.1）から、企業の利潤は、$p_C = p$ として

$$\Pi = pQ - C(Q) - tQ - v \cdot pQ$$

とも表記されるので、t が「数量 Q 当たり費用」、v が「売上 pQ 当たり費用」と解釈されることに留意されたい。ここで、数量当たり費用パス・スルー ρ_t は、$\rho_t \equiv \partial p / \partial t$、すなわち、$t$ の単位変化に対する最終価格の変化で定義しよう。例えば、t が 1 円変化すると価格が 1.2 円上昇する場合、パス・スルーは 1.2 となる。これは、従量税パス・スルーでもある。対して、従価税パス・スルーは、売上当たり費用パス・スルーとして、半弾力性 $\rho_v \equiv (1/p)(\partial p / \partial v)$ によって定義される。

　パス・スルーの概念が重要な理由は、（ⅰ）企業を取り巻く環境の変化によって、社会がどれだけの負担や便益を被るのか、（ⅱ）そうした負担や便益が需要側（消費者）と供給側（企業）の間でどのように分配されるのか、に密接に関係しているからである。

---

[2]　なお、一般に不完全競争下では、同じ税収を達成しようとする際、従価税の方が従量税よりもデッドウェイト・ロスが小さいという意味で望ましいことが知られている（例えば、Adachi and Fabinger（2022）の脚注 3 を参照）。

[3]　ここでの記述は、林正義教授からの私信での示唆に基づくところが大きく、記して感謝したい。

[4]　もし二重課税がされているものとすると、$(t+vp_C+vt)Q^1$ となっている。もちろん、ここでの Q^1 は、二重課税の無い下での Q^1 と一般に異なる。

図 3.1 従量税 t と従価税 v 導入による余剰の変化

(A) 縦軸は消費者価格 p_C のみに対応

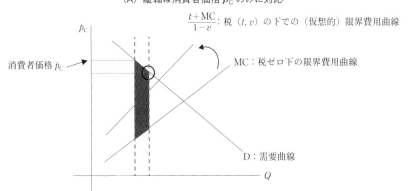

(B) 縦軸は消費者価格 p_C と生産者価格 p_S に対応

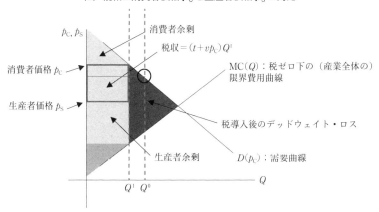

3.2 完全競争の場合

図 3.2 の (a) に示すように、無税の完全競争下で均衡価格 p^0、総生産 Q^0 となる場合を考える。次に、図 3.2 の (b) に描かれているように、少額の単位税 $t = \Delta t$ の導入を考える。これは企業の限界費用の増加に相当し、供給曲線の上方シフトをもたらす。これに伴って、消費者が支払う価格は p^0 から p_D^1 に上昇する。この差は Δt に対する比率として評価され、上で定義し

たパス・スルー ρ_t に対応し、$\Delta t = \Delta p + (\Delta t - \Delta p) \Leftrightarrow 1 = \Delta p/\Delta t + (1 - \Delta p/\Delta t) \Leftrightarrow$
$1 = \rho_t + (1 - \rho_t)$ であることに注目すれば、消費者の税負担と企業の税負担の
比率は $\rho_t/(1 - \rho_t)$ で表されることになる。この議論は、v を $v = t/(p_S^1 + t)$ と
設定すれば、従価税の場合も同様であり、企業にとっての価格は $(1 - v)(p_S^1 + t) = p_S^1$ となる。また、図3.2 の (b) の三角形 ADE に相当する厚生上の損
失（デッドウェイト・ロス）が生じるが、同時に税収も発生している（長方
形 ABCD）。

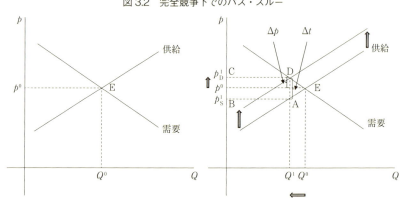

図3.2 完全競争下でのパス・スルー

最後に、完全競争下におけるパス・スルーは、

$$\rho_t = \frac{1}{1 + \dfrac{\varepsilon_1}{\varepsilon_S}} \tag{3.5}$$

で表されることが知られている（Weyl and Fabinger 2013, p. 534）。ここで、
$\varepsilon_1 \equiv -Q'(p)p/Q(p) > 0$ は産業全体の需要の価格弾力性、$\varepsilon_S \equiv S'p/Q$ は産業全
体の供給の価格弾力性である。つまり、(i) 需要が完全に非弾力的である場
合、つまり需要が価格変動に反応しない場合（$\varepsilon_1 = 0$）、または (ii) 供給が
無限に弾力的である場合、つまり限界費用がどのような生産量に対しても一
定である場合（$\varepsilon_S = \infty$）に限り、価格上昇分は単位増税分と全く同じになる。

3.3 不完全競争への拡張

（1）不完全競争下で、（2）初期税額がゼロでないような状況は、Weyl and Fabinger（2013）の分析を一般化した Adachi and Fabinger（2022）が分析対象としている。Adachi and Fabinger（2022）のフレームワークは、先行研究（例えば、Auerbach and Hines 2002 を参照）とは対照的に、価格競争か数量競争かを限定せず、そして、同質財のケースも、差別化財のケースも包含するものである。

まず、単位税と従価税はもはや同等の役割を果たさないことが分かる。不完全競争下では、企業は価格支配力を行使するからである。完全競争下では、消費者が直面する価格 p_D と単位税の水準 t が与えられた場合、企業が直面する価格は $p_S = p_D - t$ となる。ここで、$(1-v)p_D = (1-v)(p_S+t) = p_S$ であるため、$v = t/(p_S^1 + t)$ であれば、従価税の下で企業が直面する価格を同じ p_S とすることが可能である。したがって、総生産水準は両税下で同じであり、厚生喪失は両税で同じである。この結果として、$t \cdot Q^t = v \cdot p^v Q^v$ となっているからである。ここで Q^t は従量税だけがある場合の総生産、p^v と Q^v はそれぞれ従価税だけがある場合の均衡価格と総生産である。

完全競争下では、$v \cdot p^v = 1$ を満たすように v を設定することが可能であり、その結果、$Q^t = Q^v$ となる。しかし、不完全競争下では、p^v が企業の戦略的行動に起因するため、$v \cdot p^v = 1$ を常に満たすようにはできず、したがって、p^v は v の関数であり、その関数形は必ずしも $1/v$ とは一致しない。この結果、t のパス・スルーと v のパス・スルーを区別する必要が生じるのである。

Adachi and Fabinger（2022）は、企業が対称的である場合の寡占下で、ゼロでない初期税水準 $(v, t) \geqq 0$ からの重量税の増加による「公的資金の限界価値」（marginal value of public funds; MVPF）を、税収の限界増加（dR と書く）に対する限界的な厚生損失（消費者余剰の変分 dCS と、生産者余剰（利潤）の変分 dPS の和にマイナスを掛けたもの）の比率（$-(dCS+dPS)/dR$）として定義して、それは、

$$
\frac{\theta \cdot (1-v) \times \dfrac{1}{\varepsilon_{\mathrm{I}}} + \left[v + \dfrac{t}{p} \right]}{\left(\dfrac{1}{\rho_t} + v \right) \times \dfrac{1}{\varepsilon_{\mathrm{I}}} - \left[v + \dfrac{t}{p} \right]}
$$

で表されることを示している。ここで、$\theta \in [0, 1]$ が市場支配力指数（$\theta = 0$ は完全競争、$\theta = 1$ は独占に対応）である。この式は、税収の限界増加（上記の完全競争下での三角形 ADE を長方形 ABCD で割った面積に相当）と比較した限界厚生損失を一般化したものである。従価税の場合は、パス・スルー ρ_t を $\rho_v \equiv (1/p)(\partial p/\partial v)$ に置き換えれば良い（次節も参照）。

また、「租税帰着」（incidence; I）、すなわち「負担や便益が需要側と供給側でどのように分担されるか」について、Adachi and Fabinger（2022）は、単位税の増税による消費者余剰の損失を生産者余剰の損失で割ったもの（dCS/dPS）は、

$$
\frac{\rho_t}{1 - (1-v)(1-\theta)\rho_t}
$$

で表されることを示している。これは、ρ_t が十分に大きいか、競争が十分に激しい場合（θ）、供給サイドは従量税の増加から利益を得る可能性があることを意味している。市場が独占に近ければ、従量税の価格効果は、価格支配力の強い寡占企業によって「吸収」されやすくなる。したがって、やや逆説的ではあるが、市場がより競争的であれば、企業は増税の恩恵を受けやすくなるのである。

では、パス・スルー ρ_t そのものはどのように決まるのであろうか。Adachi and Fabinger（2022）は、初期税水準 $(v, t) \geqq 0$ がゼロでないような寡占的競争下でのパス・スルーは

$$
\rho_t = \frac{1}{1-v} \cdot \frac{1}{1 + \dfrac{1-\tau}{1-v} \cdot \dfrac{\varepsilon_{\mathrm{I}}}{\varepsilon_{\mathrm{S}}} - \left(\dfrac{1}{\varepsilon_{\mathrm{I}}} + \dfrac{1}{\varepsilon_{\mathrm{S}}} \right) \theta + \varepsilon_{\mathrm{I}} Q \dfrac{\partial (\theta/\varepsilon_{\mathrm{I}})}{\partial Q}} \tag{3.6}
$$

で表されることを示している。ここで、q は企業 1 社当たりの生産高、$\tau \equiv v + t/p$ は企業 1 社当たりの税収を企業の収益で割ったもの（$= [tq + vpq]/pq$）である。式（3.6）は、競争が完全（$\theta = 0$）で、税の初期水準がゼロ（$t = 0$

と $v=0$、したがって $\tau=0$）である場合には、式（3.5）と一致することが分かる。表 3.1 は、完全競争と不完全競争の比較である。

表3.1　完全競争と不完全競争の比較

	完全競争 （初期の税水準は $(v, t)=0$）	不完全競争 （初期の税水準は $(v, t)\geqq 0$）
パス・スルー	$\dfrac{1}{1+\dfrac{\varepsilon_1}{\varepsilon_S}}$	$\dfrac{1}{1-v}\cdot\dfrac{1}{1+\dfrac{1-\tau}{1-v}\cdot\dfrac{\varepsilon_1}{\varepsilon_S}-\left(\dfrac{1}{\varepsilon_1}+\dfrac{1}{\varepsilon_S}\right)\theta+\varepsilon_1 Q\dfrac{\partial(\theta/\varepsilon_1)}{\partial Q}}$
公的資金の 限界価値	0	$\dfrac{\theta\cdot(1-v)\times\dfrac{1}{\varepsilon_1}+\left[v+\dfrac{t}{p}\right]}{\left(\dfrac{1}{\rho_t}+v\right)\times\dfrac{1}{\varepsilon_1}-\left[v+\dfrac{t}{p}\right]}$
租税帰着	$\dfrac{\rho_t}{1-\rho_t}$	$\dfrac{\rho_t}{1-(1-v)(1-\theta)\rho_t}$

　上記の ρ_t の式は複雑であるが、公的資金の限界価値、及び帰結については、比較的簡単な式で示されている。特に、これらを計算するためには、ε_1、θ、ρ_t の 3 つだけを推定すればよい。この点に関して、Miller, Osborne, and Sheu（2017）は巧妙な方法を考案している。まず、ρ_t を誘導形によって推定する。ここでは、多項ロジット型需要に基づいた需要推定では十分な柔軟性を持たない可能性が考慮されている。ただし、Miller, Osborne, and Sheu（2017）は、ε_1 と θ との推定については、同じデータを用いて、（非対称的な）価格設定企業の構造モデルを推定した Miller and Osborne（2014）の結果を活用している。Miller, Osborne, and Sheu（2017）は、1980 年から 2010 年までのポルトランドセメント産業において、競争の程度にかかわらず、燃料費上昇のパス・スルーが 100 パーセントを超えていることを見出し、そして、対称的な寡占を想定した上で、CO_2 排出規制の政策評価を行っている。

3.4　図示による理解

　それでは、ここで、表 3.1 で示されている公的資金の限界価値（以下、MVPF と表記）、及び租税帰着（以下、I と表記）の公式を、初期の税水準

がゼロ、すなわち、$(v, t) = 0$ の場合の図示によって理解を深めることにしよう。ここでも、引き続き、集約的企業を考えて、産業全体の産出量・需要量を $Q \geq 0$ とする。そして、産業全体の産出費用から求まる限界費用 MC は、非負の定数とする。そして、Q^* を均衡生産量として、Negishi (1961) に倣い、産業の「主観的逆需要」(subjective inverse demand) を

$$\tilde{p}(Q; Q^*, \theta) \equiv p[Q^* + \theta(Q - Q^*)]$$

を考える。すると、限界収入は

$$\mathrm{MR}(Q; Q^*, \theta) \equiv p[Q^* + \theta(Q - Q^*)] + \theta Q p'[Q^* + \theta(Q - Q^*)]$$

となる。ここでも、第1章第1.1節同様、産業全体の需要の価格弾力性を（生産量 Q の関数として）$\varepsilon_1(Q) \equiv -[p/p'(Q)]Q$ で定義し、$p^* \equiv p(Q^*)$ とすれば、$\mathrm{MR} = p + \theta Q p' = p - \theta p^*/\varepsilon_1$ となる（図 3.3 参照）。

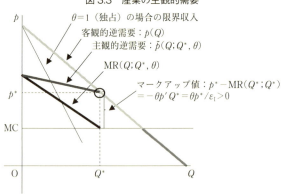

図 3.3　産業の主観的需要

まず始めに、従量税 t についての MVPF_t は、社会厚生の変分を $\mathrm{d}W$ とすると、$\mathrm{d}CS + \mathrm{d}PS = \mathrm{d}W - \mathrm{d}R$ なので、

$$\mathrm{MVPF}_t \equiv -\frac{\mathrm{d}CS + \mathrm{d}PS}{\mathrm{d}R} = -\frac{\mathrm{d}W}{\mathrm{d}R} + 1 \approx 1 + \theta \rho_t$$

となる。これは、

$$-\frac{\mathrm{d}W}{\mathrm{d}R} \approx -\frac{\theta p^*/\varepsilon_1 \cdot \mathrm{d}Q}{Q^* \cdot \mathrm{d}t} = \theta \frac{p' Q^* \cdot \mathrm{d}Q}{Q^* \cdot \mathrm{d}t} = \theta \frac{\mathrm{d}p}{\mathrm{d}t} = \theta \rho_t$$

であることから導かれ、表 3.1 で示されている式において、$v=0$ と $t=0$ を代入すると、これに一致することを確認できる（図 3.4（A）参照）。

同様に、従価税 v についての MVPF_v も、

$$-\frac{\mathrm{d}W}{\mathrm{d}R} \approx -\frac{\theta p^*/\varepsilon_1 \cdot \mathrm{d}Q}{p^*Q^* \cdot \mathrm{d}v} = \theta \frac{p'Q^* \cdot \mathrm{d}Q}{p^*Q^* \cdot \mathrm{d}v} = \theta \frac{1}{p^*}\frac{\mathrm{d}p}{\mathrm{d}v} = \theta \rho_v$$

であることから（ここで、ρ_v は前節で定義した通り）、$\mathrm{MVPF}_v = 1 + \theta \rho_v$ となっている（図 3.4（B）参照）。

図 3.4　公的資金の限界費用
（A）従量税 t の場合

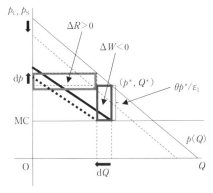

（B）従価税 v の場合

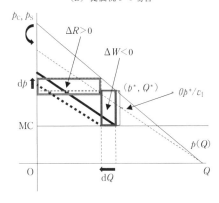

次に、$T \in \{t, v\}$ に対する租税帰着 $\mathrm{I}_T \equiv \mathrm{d}CS/\mathrm{d}PS$ を考える。まず、消費者

需要の減少は $dCS = -dp \cdot Q^*$ となり、同様に、生産者余剰の直接的減少は、$-dt \cdot Q^*$ である。しかし、生産者余剰には追加的利益・損失がある。すなわち、利益に関しては、価格上昇から生じるもの（$Q^* \cdot dp$）と生産費用削減から生じる部分（$MC \cdot (-dQ) > 0$）であり、損失に関しては、限界的消費者からの収入がなくなることから生じる部分（$p^* \cdot dQ < 0$）である。

したがって、従量税の租税帰着は

$$I_t \equiv \frac{dCS}{dPS} \approx \frac{-dp \cdot Q^*}{-dt \cdot Q^* + p^* \cdot dQ + Q^* \cdot dp - MC \cdot dQ}$$

$$= \frac{dp/dt}{1 - \left[1 + (p^* - MC)\dfrac{1}{(dp/dQ)Q^*}\right]\dfrac{dp}{dt}}$$

$$= \frac{\rho_t}{1 - (1-\theta)\rho_t}$$

となるが、ここでは、均衡においては限界収入 $p^* + \theta Q^* p'$ が限界費用 MC に等しいために（$p^* - MC)(1/p'Q^*) = -\theta$ であることを使っている。なお、表3.1での式表現（t は登場していない）において、$v = 0$ を代入するとこれと一致することが分かる。従価税の場合は、企業の直接的損失は $-dt \cdot Q^*$ ではなく、$-dv \cdot p^* Q^*$ となるので、

$$I_v \approx \frac{-dp \cdot Q^*}{-dv \cdot p^* Q^* + p^* \cdot dQ + Q^* \cdot dp - MC \cdot dQ}$$

$$= \frac{\rho_v}{1 - (1-\theta)\rho_v}$$

である。

なお、初期水準が、従量税・従価税ともに非ゼロの場合では、マークアップ値は

$$p^* - MC = t + p^* v + (1-v)\theta p^*/\varepsilon_1$$

となっており、図3.5（A）は従価税水準だけがゼロの場合、（B）は従量税水準だけがゼロの場合のそれぞれについて表している。

第3章 不完全競争的な財市場における物品課税問題

図3.5：初期の税水準がゼロの場合

(A) $t>0$、$v=0$ の場合

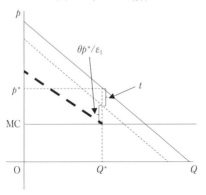

(B) $t=0$、$v>0$ の場合

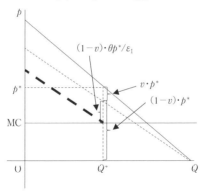

第4章　広告戦略と金融市場 [1]

　本章では、市場支配力指数アプローチの更なる応用として、企業が二面的に不完全競争の状況にある場合を考察する。まず一つ目としては、財市場での販売のみならず、広告市場にも面している企業のケースである。具体的には、独占下における売上高に対する広告費の比率を示すドーフマン＝シュタイナー公式（Dorfman and Steiner 1954）を、市場支配力指数アプローチを利用することによって、寡占の場合に拡張することを考える。二つ目は、貸出市場と預金市場に面する銀行のケースである。具体的には、モンティ＝クラインの独占的銀行モデル（Klein 1971; Monti 1972; Dermine 1986; Gunji and Miyazaki 2021）を寡占的状況に拡張する。

4.1　ドーフマン＝シュタイナー公式の一般化

　企業の広告活動を考察する際、特に念頭に置かなければならない点は、一企業による広告は、市場全体に対する消費者の関心を喚起するというスピルオーヴァー効果があるものと考えられることである。このような状況に対して、市場支配力指数アプローチを用いることによって、企業間関係をモデル化する際の煩雑さを避けることができるのである。

　不完全競争と広告のスピルオーヴァー効果の関係についての先行研究とし

---

1)　第4.1節から第4.3節までの記述は、Adachi, Takanori, "A Generalization of the Dorfman-Steiner Formula: Advertising Spillovers under Imperfect Competition," *Economics Bulletin*, 40（2）, 1300–1307（2020年5月）に基づいている。本書での活用をお認めいただいた *Economics Bulletin* の編集者 John Conley 教授に感謝したい。

ては、Forbes（1986）がある。Forbes（1986）は、同質財を想定した数量競争のケースについて、推測的変動アプローチ（第2章第2.2節参照）を用いた分析を与えている。対して本章においては、市場支配力指数アプローチを用いて、より広範なクラスの寡占的競争を考慮することで、Forbes（1986）における分析の一般化を試みる。

次節では、モデルを提示し、産業レヴェルと企業レヴェルの両方で、一般化されたドーフマン＝シュタイナー公式を導出する。そして、続く第4.3節において、第2章第2.1節で扱ったような、市場支配力指数アプローチのミクロ的基礎を提供し、それによって、寡占状態における Lambin（1970）と Schmalensee（1972）によるドーフマン＝シュタイナー公式の一般化を提示する。

4.2 広告活動のモデル

まず、$p \geq 0$ を対称的な市場価格、$A \geq 0$ を産業レヴェルでの広告支出として、$Q(p; A)$ を市場需要とする。次に、$C(Q)$ を産業の生産費用とし、$Q \geq 0$ は総生産/消費である。以下の分析においては、価格を変化させた場合の限界効果を考えるが、必ずしも価格競争だけを考えているわけではなく、逆需要 $p(Q, A)$ を考えても良い。その設定では、対称的に差別化された企業が数量競争をしている。

不完全競争的な財市場において、（対称的）企業は、各自の財が完全競争のように完全に代替的ではなく、また、独占のように価格を上げることによる限界利益を全て得るわけでもない、つまり、限界利益の $100 \times \theta_1^G$ パーセントしか獲得できないことを認識している（肩の "G" は財（Goods）に関してであることを示している）。ここで $\theta_1^G \in [0,1]$ は、製品市場における産業レヴェルの市場支配力指数である。仮に、企業が価格を少額の $dp > 0$ だけ引き上げ、それに伴う生産量の変化を、$dQ < 0$ とすると、θ_1^G を持つ不完全競争製品市場において、均衡における財価格の概念式は、

$$\underbrace{\theta_1^G \cdot (dp) \cdot Q}_{\text{限界ゲイン}} = \underbrace{\mu \cdot (-dQ)}_{\text{限界ロス}}$$

のように与えられる。ここで、$\mathrm{MC}(Q) \equiv C'(Q)$ を限界費用とすると、$\mu = \mu(p; A) \equiv p - \mathrm{MC}[Q(p, A)]$ はマークアップ値である（図 4.1 の上部分を見よ）であり、したがって、正確には

$$\theta_1^{\mathrm{G}} p = \varepsilon_1^{\mathrm{G}} \mu \tag{4.1}$$

となる。ここで、$\varepsilon_1^{\mathrm{G}} = \varepsilon_1^{\mathrm{G}}(p; A) \equiv -p \cdot [\partial Q(p, A)/\partial p]/Q(p, A) > 0$ は、産業レヴェルでの需要の価格弾力性である。

次に、企業は広告による限界利益の $100 \times \theta_1^{\mathrm{A}}$ パーセントしか獲得できないことを認識しているとする（肩の "A" は広告（Advertising）に関してであることを示している）。ここで、$\theta_1^{\mathrm{A}} \in [0, 1]$ は広告のスピルオーヴァーを防ぐ程度を示すパラメータである。すなわち、$\theta_1^{\mathrm{A}} = 1$ であれば企業は広告による利益を完全に獲得し、$\theta_1^{\mathrm{A}} = 0$ であれば企業の広告は他の企業の需要を拡大するだけとなる。仮に、企業が広告のための支出を少額の $\mathrm{d}A > 0$ だけ増加させ、それに伴う生産量の変化を $\mathrm{d}Q > 0$ とすれば、広告支出に関する均衡条件は

$$\underbrace{\theta_1^{\mathrm{A}} \cdot \mu \cdot \mathrm{d}Q}_{\text{限界ゲイン}} = \underbrace{\mathrm{d}A}_{\text{限界ロス}}$$

を満たすはずである。これは、図 4.1 の下部分で描かれている。より正確には、

$$\mu \theta_1^{\mathrm{A}} \varepsilon_1^{\mathrm{A}} = \frac{A}{Q} \tag{4.2}$$

であり、ここで、$\varepsilon_1^{\mathrm{A}} = \varepsilon_1^{\mathrm{A}}(p; A) \equiv [\partial Q(p, A)/\partial A][A/Q(p, A)] > 0$ は、産業レヴェルにおける需要の広告弾力性である。これは Schmalensee（1972, p. 224）の式（7.3）と本質的に同じものと言える。そして、式（4.1）と式（4.2）を組み合わせると、拡張版のドーフマン＝シュタイナー式の産業レヴェル版である

$$\frac{A}{pQ} = (\theta_1^{\mathrm{G}} \cdot \theta_1^{\mathrm{A}}) \cdot \left(\frac{\varepsilon_1^{\mathrm{A}}}{\varepsilon_1^{\mathrm{G}}} \right) \tag{4.3}$$

が得られることになる。ここで、$\theta_1^{\mathrm{G}} = 1$、$\theta_1^{\mathrm{A}} = 1$ とすれば、元々のドーフマン＝シュタイナー式となる。

この拡張式はまた、売上に対しての広告水準 A/pQ が、$\varepsilon_1^{\mathrm{G}}$、$\varepsilon_1^{\mathrm{A}}$、$\theta_1^{\mathrm{G}}$、そし

図 4.1　広告活動が考慮された限界原理

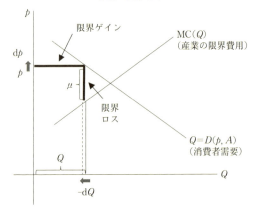

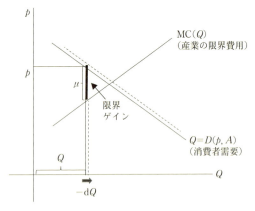

て θ_1^A という4つの「十分統計量 (sufficient statistics)」(Chetty 2009) によって特徴づけられることを示している。特に、ε_1^A と θ_1^A が与えられたとき、企業の広告費は、企業間の差別化の程度が大きいほど (すなわち、ε_1^G が小さい、あるいは θ_1^G が大きいほど) 大きくなる。しかし、協調的価格設定により独占に近いと言える産業 (すなわち、$\theta_1^G \simeq 1$) では、もし $\theta_1^A \varepsilon_1^A$ が小さい (すなわち、スピルオーヴァー効果が大きい) か、ε_1^G が大きい (すなわち、産業内差別化が小さい) ならば、A/pQ は小さい。

ここで、各企業 $j=1, 2, \cdots, n$ が価格 $p_j>0$ と広告量 $a_j>0$ を選択するもの

とすると、その需要は $q_j = q_j(p_1, p_2, \cdots, p_n; a_1, a_2, \cdots, a_n)$ で与えられることを明示化する。対称性の仮定を維持し、q は企業レヴェルの生産高を、a は企業レヴェルの広告を示すものとする。すると、$Q=nq$、$A=na$ であるので、式 (4.3) は

$$\frac{a}{pq} = (\theta_1^{\mathrm{G}} \cdot \theta_1^{\mathrm{A}}) \cdot \left(\frac{\varepsilon_1^{\mathrm{A}}}{\varepsilon_1^{\mathrm{G}}}\right) \tag{4.4}$$

とも書ける。

4.3 「共感係数」に基づくミクロ的基礎

ここで、第 2 章第 2.1 節のような「共感係数」(脚注 2) を考えることによって、ミクロ的基礎を得ることができる。まず、$\mathbf{p}=(p_1, p_2, \cdots, p_N)$、$\mathbf{a}=(a_1, a_2, \cdots, a_N)$ に対して、企業 $i=1, 2, \cdots, N$ の利潤を $\pi_i = p_i q_i(\mathbf{p}, \mathbf{a}) - c_i[q_i(\mathbf{p}, \mathbf{a})] - a_i$ と書く。なお、$c_i(\cdot)$ は企業 i の費用関数である。そこで、企業 i の目的関数は、第 2 章における式 (2.1) と同様に、自社の利潤と他の企業の利潤の組み合わせとして

$$\hat{\pi}_i = \pi_i + \kappa_i \sum_{j \neq i} \pi_j \tag{4.5}$$

のように与えられる。ここで、$\kappa_i \in [0, 1]$ はライヴァル企業に対する企業 i の「協調度」であり、対称性を仮定することで、$\kappa_1 = \kappa_2 = \cdots = \kappa_N \equiv \kappa$ とする。$\kappa=1$ ならば、各企業の最大化問題は産業全体の共同利潤最大化と一致するし、$\kappa=0$ であれば、各企業が自企業の利潤のみを最大化する通常のケースとなる。また、全ての i について、$c_i(\cdot) = c(\cdot)$ とする。以上の設定の下で、次のような命題が得られる。

命題 4.1 対称性の仮定の下での企業レベルでの価格の自己弾力性を $\varepsilon_{\mathrm{own}}^{\mathrm{G}} \equiv -(p/q) \cdot (\partial q_i / \partial p_i) > 0$、広告の自己弾力性を $\varepsilon_{\mathrm{own}}^{\mathrm{A}} \equiv (a/q) \cdot (\partial q_i / \partial a_i) > 0$、である。そうすると、対称的な価格設定における寡占の下でのドーフマン＝シュタイナー公式は

第Ⅱ部　課税・広告・金融への応用

$$\frac{a}{pq} = (\theta_1^{\mathrm{G}} \cdot \theta_1^{\mathrm{A}}) \cdot \left(\frac{\varepsilon_1^{\mathrm{A}}}{\varepsilon_1^{\mathrm{G}}}\right) \tag{4.6}$$

で与えられる。ここで

$$\theta_1^{\mathrm{G}} = \frac{\varepsilon_1^{\mathrm{G}}}{\varepsilon_{\mathrm{own}}^{\mathrm{G}}} \left\{1 + \kappa\left(1 - \frac{\varepsilon_1^{\mathrm{G}}}{\varepsilon_{\mathrm{own}}^{\mathrm{G}}}\right)\right\}$$

$$\theta_1^{\mathrm{A}} = \frac{\varepsilon_{\mathrm{own}}^{\mathrm{A}}}{\varepsilon_1^{\mathrm{A}}} \left\{1 + \kappa\left(\frac{\varepsilon_1^{\mathrm{G}}}{\varepsilon_{\mathrm{own}}^{\mathrm{G}}} - 1\right)\right\}$$

である。

証明

　まず、p_i と a_i に関する利潤（4.5）の最大化に関する一階条件は次式で与えられる。

$$\frac{\partial \hat{\pi}_i}{\partial p_i} = q_i + (p_i - c')\frac{\partial q_i}{\partial p_i} + \kappa \sum_{j \neq i}(p_j - c')\frac{\partial q_j}{\partial p_i} = 0 \tag{4.7}$$

$$\frac{\partial \hat{\pi}_i}{\partial a_i} = (p_u - c')\frac{\partial q_i}{\partial a_i} - 1 + \kappa \sum_{j \neq i}(p_j - c')\frac{\partial q_j}{\partial a_i} = 0 \tag{4.8}$$

すると、式（4.7）から

$$\left(1 + \frac{\kappa}{q}(N-1)\mu\frac{\partial q_j}{\partial a_i}\right)p = \varepsilon_{\mathrm{own}}^{\mathrm{G}}\mu$$

が、式（4.8）から

$$\varepsilon_{\mathrm{own}}^{\mathrm{A}}\mu \cdot \left(1 + \frac{\kappa}{\mu\frac{\partial q_i}{\partial a_i}}(N-1)\mu\frac{\partial q_j}{\partial a_i}\right)p = \frac{a}{q}$$

が確かめられ、これらから

$$\frac{a}{pq} = \left[1 + \kappa\frac{(N-1)\varepsilon_{\mathrm{cross}}^{\mathrm{G}}}{\varepsilon_{\mathrm{own}}^{\mathrm{G}}}\right]\left[1 + \kappa\frac{(N-1)\varepsilon_{\mathrm{cross}}^{\mathrm{A}}}{\varepsilon_{\mathrm{own}}^{\mathrm{A}}}\right]\left(\frac{\varepsilon_{\mathrm{own}}^{\mathrm{A}}}{\varepsilon_{\mathrm{own}}^{\mathrm{G}}}\right) \tag{4.9}$$

が分かる。ここで、$\varepsilon_{\mathrm{cross}}^{\mathrm{G}} \equiv (p/q) \cdot (\partial q_i/\partial p_j) > 0$ は、企業レヴェルでの価格の交差弾力性、$\varepsilon_{\mathrm{cross}}^{\mathrm{G}} \equiv (a/q) \cdot (\partial q_i/\partial a_j) > 0$ は、企業レヴェルでの広告の交差弾力性である。そして、$\mu/p = 1/\varepsilon_{\mathrm{own}}^{\mathrm{G}}$（ラーナー公式）が用いられている。

　さて、対称均衡の下では、

$$Q(p, A) = N \cdot q\left(p, \frac{A}{N}\right)$$

が成り立つことにも注意しよう。ここで q は、$q(p, a) = q_j(p, \cdots, p, a, \cdots, a)$ で与えられている。すると

$$\frac{\partial Q}{\partial p} = N\frac{\partial q_i}{\partial p_i} + (N-1)\frac{\partial q_j}{\partial p_i}$$

であることが分かり、したがって、$\varepsilon_{\mathrm{I}}^{\mathrm{G}} = \varepsilon_{\mathrm{own}}^{\mathrm{G}} - (N-1)\varepsilon_{\mathrm{cross}}^{\mathrm{G}}$ である。同様に、広告に関しても $\varepsilon_{\mathrm{I}}^{\mathrm{A}} = \varepsilon_{\mathrm{own}}^{\mathrm{A}} + (N-1)\varepsilon_{\mathrm{cross}}^{\mathrm{A}}$ である。

よって、式（4.9）は

$$\begin{aligned}
\frac{a}{pq} &= \left[1 + \kappa\frac{(N-1)\varepsilon_{\mathrm{cross}}^{\mathrm{G}}}{\varepsilon_{\mathrm{own}}^{\mathrm{G}}}\right]\left[1 + \kappa\frac{(N-1)\varepsilon_{\mathrm{cross}}^{\mathrm{A}}}{\varepsilon_{\mathrm{own}}^{\mathrm{A}}}\right]\left(\frac{\varepsilon_{\mathrm{own}}^{\mathrm{A}}}{\varepsilon_{\mathrm{own}}^{\mathrm{G}}}\right) \\
&= \left[\frac{1}{\varepsilon_{\mathrm{I}}^{\mathrm{G}}}\left\{\varepsilon_{\mathrm{I}}^{\mathrm{G}} + \kappa\varepsilon_{\mathrm{I}}^{\mathrm{G}}\left(1 - \frac{\varepsilon_{\mathrm{I}}^{\mathrm{G}}}{\varepsilon_{\mathrm{own}}^{\mathrm{G}}}\right)\right\}\frac{1}{\varepsilon_{\mathrm{own}}^{\mathrm{G}}}\right]\left[\varepsilon_{\mathrm{I}}^{\mathrm{A}}\left\{\frac{1}{\varepsilon_{\mathrm{I}}^{\mathrm{A}}} + \kappa\left(\frac{1}{\varepsilon_{\mathrm{own}}^{\mathrm{A}}} - \frac{1}{\varepsilon_{\mathrm{I}}^{\mathrm{A}}}\right)\right\}\varepsilon_{\mathrm{own}}^{\mathrm{A}}\right] \\
&= \left(\frac{\varepsilon_{\mathrm{I}}^{\mathrm{G}}\left\{1 + \kappa\left(1 - \frac{\varepsilon_{\mathrm{I}}^{\mathrm{G}}}{\varepsilon_{\mathrm{own}}^{\mathrm{G}}}\right)\right\}}{\varepsilon_{\mathrm{own}}^{\mathrm{G}}}\right)\left(\varepsilon_{\mathrm{own}}^{\mathrm{A}}\left\{\frac{1}{\varepsilon_{\mathrm{I}}^{\mathrm{A}}} + \kappa\left(\frac{1}{\varepsilon_{\mathrm{own}}^{\mathrm{A}}} - \frac{1}{\varepsilon_{\mathrm{I}}^{\mathrm{A}}}\right)\right\}\right)\left(\frac{\varepsilon_{\mathrm{I}}^{\mathrm{A}}}{\varepsilon_{\mathrm{I}}^{\mathrm{G}}}\right)
\end{aligned}$$

と書き換えられる。∎

　ここで、産業レヴェルの弾力性である $\varepsilon_{\mathrm{I}}^{\mathrm{G}}$ と $\varepsilon_{\mathrm{I}}^{\mathrm{A}}$ は固定し、企業レヴェルでの価格弾力性が完全（すなわち、$\varepsilon_{\mathrm{own}}^{\mathrm{G}} \to \infty$）にすると、$\theta_{\mathrm{I}}^{\mathrm{G}} \simeq 0$ となるために広告費はほぼゼロになる。他方、広告の場合、$\varepsilon_{\mathrm{I}}^{\mathrm{A}}$ は $\varepsilon_{\mathrm{own}}^{\mathrm{A}}$ の上限として働く。もし $\varepsilon_{\mathrm{own}}^{\mathrm{A}} \to \varepsilon_{\mathrm{I}}^{\mathrm{A}}$ であれば、$\theta_{\mathrm{I}}^{\mathrm{G}} \to 1$、すなわち、広告市場は独占に近くなっている。しかし、スピルオーヴァー効果が十分強く、$\varepsilon_{\mathrm{own}}^{\mathrm{A}} \simeq 0$ であるならば、$\theta_{\mathrm{I}}^{\mathrm{A}} \simeq \kappa$ である。これは、各企業が自社の利益のみを重視する場合（すなわち $\kappa = 0$）には、広告費はほぼゼロであることを示しているが、$\kappa > 0$ であれば、スピルオーヴァー効果が強いことが広告費をゼロに近くすることを意味するものではないことを示している。このようにして、$\theta_{\mathrm{I}}^{\mathrm{G}}$ と $\theta_{\mathrm{I}}^{\mathrm{A}}$ の意味づけは、式（4.6）における $\varepsilon_{\mathrm{own}}^{\mathrm{G}}$ と $\varepsilon_{\mathrm{own}}^{\mathrm{A}}$ の関係において、式（4.4）との比較を行うことで明確になる。

　最後に，式（4.6）と式（4.9）は，協調的／共謀的価格設定の可能性を考

62　　　第Ⅱ部　課税・広告・金融への応用

慮することによって Lambin（1970, p.471）の式（17）

$$\frac{a}{pq} = \frac{\varepsilon_{\text{own}}^{\text{A}}}{\varepsilon_{\text{own}}^{\text{G}}}$$

を一般化したものであることを指摘しておきたい（ここでは、本章の記法を用いている）。すなわち、Lambin（1970）は（暗黙のうちに）上記の式（4.9）において、$\kappa = 0$ を仮定しているのである。最後に、表4.1において、売上高に対する広告費に関する2つの式（4.6と4.9）を要約しておく。

表4.1　a/pq に対する2つの表現

産業レヴェルの変数	企業レヴェルの変数		
$(\theta_1^{\text{G}} \theta_1^{\text{A}}) \left(\dfrac{\varepsilon_1^{\text{A}}}{\varepsilon_1^{\text{G}}} \right)$	$\left[1 + \kappa \dfrac{(N-1)\varepsilon_{\text{cross}}^{\text{G}}}{\varepsilon_{\text{own}}^{\text{G}}} \right]$	$\left[1 + \kappa \dfrac{(N-1)\varepsilon_{\text{cross}}^{\text{A}}}{\varepsilon_{\text{own}}^{\text{A}}} \right]$	$\left(\dfrac{\varepsilon_{\text{own}}^{\text{A}}}{\varepsilon_{\text{own}}^{\text{G}}} \right)$

　なお、最終章に続く「結語」でも言及するように、企業の対称性の仮定を緩める場合、ヴェクトルや行列による表記が駆使される必要があるが、本章で示した基本的な性質は、更なる一般化の下でも維持されるであろう。

4.4　モンティ゠クライン・モデルの拡張：金融市場のモデル

　では次に、市場支配力指数アプローチを銀行行動に応用する分析例を考えてみたい。一般に、銀行は費用をかけ、企業や消費者に対して融資や預金サーヴィスを提供している。この状況は、二種類のアウトプットを持つ費用関数によって把握される。以下の分析においては、独占的銀行行動を記述するモンティ゠クライン・モデルが、市場支配力指数アプローチによって一般化されるが、そこでは、費用関数の交差偏微分が重要な役割を果たす。すなわち、それが正（あるいは負）であれば、貸出市場における市場支配力指数の増加は、預金金利を低下させ（あるいは上昇させ）、他方で、預金市場における市場支配力指数の増加は、貸出金利を上昇させる（あるいは低下させる）ことが示される。

　それでは、Freixas and Rochet（2008, Ch.3）に従って、モンティ゠クライン・モデルを導入しよう。まず、企業セクターからの貸出需要は、貸出金利

を r_L で表すと、$L(r_L)$ で与えられ、その微係数は負である。また、家計セクターからの預金供給は、預金金利を r_D で表すと、$D(r_D)$ で与えられ、その微係数は正である。ここで銀行産業は、預金と融資のサーヴィスを提供しており、その生産技術は、通常の制約条件を満たす費用関数 $C(D, L)$ によって記述されている。したがって、代表的銀行は

$$\pi(r_L, r_D) = (r_L - \bar{r})L(r_L) + [(1-\alpha)\bar{r} - r_D]D(r_D) - C[D(r_D), L(r_L)]$$

を利潤関数として持つ。ここで $\bar{r} \geq 0$ はインターバンク市場の固定レート、$\alpha \in [0, 1]$ は強制準備レートである。

価格づけの均衡を求めるために、貸出金利 r_L を少し上げることを考える。このとき、不完全競争下にある銀行は、貸出市場の市場支配力指数が $\theta_L \in [0, 1]$ である場合、貸出金利の引き上げに伴って、$100 \times \theta_L$ パーセントの利益しか得られないことを認識する。ここで、r_L の増加、そして、それに伴う貸出額の変化をそれぞれ $dr_L > 0$、$dL < 0$ とする。均衡預金金利 r_D^* と預金量 D^* が与えられれば、銀行は r_L を引き上げることによる限界利益と限界損失を等しくする(図 4.2 を見よ)、すなわち

$$\underbrace{\theta_L \cdot dr_L \cdot L + \frac{\partial C}{\partial L} \cdot (-dL)}_{\text{限界ゲイン}} = \underbrace{(r_L - \bar{r}) \cdot (-dL)}_{\text{限界ロス}}$$

が成立する。

図 4.2　金融市場における限界原理

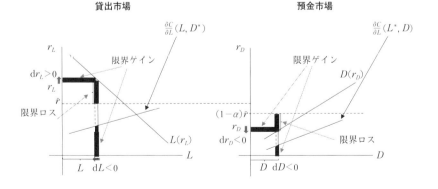

同様に、均衡貸出金利 r_L^* と貸出額 D^* が与えられた場合、銀行は預金市場における貯蓄金利の低下によって生じる限界利益と限界損失を等しくする（図4.2を見よ）ので、

$$\underbrace{\theta_D \cdot (-\mathrm{d}r_D) \cdot D + \frac{\partial C}{\partial D} \cdot (-\mathrm{d}D)}_{\text{限界ゲイン}} = \underbrace{[(1-\alpha)\bar{r} - r_D] \cdot (-\mathrm{d}D)}_{\text{限界ロス}}$$

が成立する。

したがって、貸出市場における需要の価格弾力性を

$$\varepsilon_L(r_L) \equiv -\frac{r_L L'(r_L)}{L(r_L)} > 0$$

とし、また、預金市場における供給の価格弾力性を

$$\varepsilon_D(r_D) \equiv -\frac{r_D D'(r_D)}{D(r_D)} > 0$$

とすると、均衡レート (r_L^*, r_D^*) は、

$$\begin{cases} \dfrac{(r_L^* - \bar{r}) - \dfrac{\partial C}{\partial L}[D(r_D^*), L(r_L^*)]}{r_L^*} = \dfrac{\theta_L}{\varepsilon_L(r_L^*)} \\[3em] \dfrac{(1-\alpha)\bar{r} - r_D^* - \dfrac{\partial C}{\partial D}[D(r_D^*), L(r_L^*)]}{r_D^*} = \dfrac{\theta_L}{\varepsilon_L(r_L^*)} \end{cases}$$

を満たすものとして与えられる。

以上を前提として、次のような命題が得られる。

命題 4.2 次の二つの条件、すなわち、

$$\theta_L < \left[(r_L - \bar{r}) - \frac{\partial C}{\partial L}\right]\varepsilon_L' + \left(1 - \frac{\partial^2 C}{\partial L^2}L'\right)\varepsilon_L$$

$$\theta_D < \left[(1-\alpha)\bar{r} - r_L - \frac{\partial C}{\partial D}\right]\varepsilon_D' - \left(1 + \frac{\partial^2 C}{\partial L^2}D'\right)\varepsilon_D$$

が成立しているものとする。もし、預金額 D あるいは貸出額 L が多いほど、貸出の限界費用あるいは預金の限界費用がそれぞれ増加する場合、すなわち

$$\frac{\partial^2 C}{\partial L \, \partial D} > 0$$

であるならば、(i) 貸出市場の市場支配力指数 θ_L が増加すれば、均衡預金金利 r_D^* は低下し、(ii) 預金市場の市場支配力指数 θ_D が増加すれば、均衡貸出金利 r_L^* は上昇する。もし

$$\frac{\partial^2 C}{\partial L \, \partial D} < 0$$

であるならば、逆の結果が成り立つ。

証明

まず、

$$\begin{cases} F(r_L, r_D; \theta_L) \equiv \left\{(r_L - \bar{r}) - \dfrac{\partial C}{\partial L}[D(r_D),\ L(r_E)]\right\} \varepsilon_L(r_L) - \theta_L r_L \\[2mm] G(r_L, r_D; \theta_D, \alpha) \equiv \left[(1-\alpha)\bar{r} - r_D - \dfrac{\partial C}{\partial D}[D(r_D), L(r_E)]\right] \varepsilon_D(r_D) - \theta_D r_D \end{cases}$$

と定義する。すると、

$$\underbrace{\begin{bmatrix} \dfrac{\partial F}{\partial r_L} & \dfrac{\partial F}{\partial r_D} \\[3mm] \dfrac{\partial G}{\partial r_L} & \dfrac{\partial G}{\partial r_D} \end{bmatrix}}_{\equiv K} \begin{bmatrix} \dfrac{\partial r_L}{\partial \theta_L} \\[3mm] \dfrac{\partial r_D}{\partial \theta_L} \end{bmatrix} = - \begin{bmatrix} \dfrac{\partial F}{\partial \theta_L} \\[3mm] \dfrac{\partial G}{\partial \theta_L} \end{bmatrix}$$

となり、これは

$$\begin{aligned} \det(K) &\equiv \left(\frac{\partial F}{\partial r_L}\right)\left(\frac{\partial G}{\partial r_D}\right) - \left(\frac{\partial F}{\partial r_D}\right)\left(\frac{\partial G}{\partial r_L}\right) \\ &- \underbrace{\left(\frac{\partial F}{\partial r_L}\right)}_{>0} \underbrace{\left(\frac{\partial F}{\partial r_D}\right)}_{>0} - \underbrace{\left(\frac{\partial^2 C}{\partial L \, \partial D}\right)^2 D'L'\varepsilon_L \varepsilon_D}_{<0} > 0 \end{aligned}$$

とすると、

$$\begin{bmatrix} \dfrac{\partial r_L}{\partial \theta_L} \\[3mm] \dfrac{\partial r_D}{\partial \theta_L} \end{bmatrix} = \underbrace{\frac{-1}{\det(K)}}_{<0} \begin{bmatrix} -\dfrac{\partial G}{\partial r_D} r_L \\[3mm] \dfrac{\partial G}{\partial r_L} r_L \end{bmatrix}$$

を意味する。よって、θ_L の上昇は、貸付金利 r_L を増価させる、すなわち

$$\frac{\partial r_L}{\partial \theta_L} = \frac{\dfrac{\partial G}{\partial r_D} r_L}{\det(K)} > 0$$

である一方、

$$\frac{\partial r_D}{\partial \theta_L} = \frac{\underbrace{\dfrac{\partial^2 C}{\partial L \, \partial D}}_{\gtreqless 0} \cdot \underbrace{(L' \varepsilon_D r_L)}_{<0}}{\underbrace{\det(K)}_{>0}} \lesseqgtr 0$$

であるので、費用関数 $C(D, L)$ の交差偏微分の符号によって、預金金利の変化の方向は変わる。

　同じように、預金金利市場の市場支配力指数 θ_D の増加が、均衡における貸付金利と預金金利に与える影響に関しては、

$$\begin{bmatrix} \dfrac{\partial r_L}{\partial \theta_D} \\[2mm] \dfrac{\partial r_D}{\partial \theta_D} \end{bmatrix} = \underbrace{\frac{1}{\det(K)}}_{>0} \begin{bmatrix} \underbrace{\dfrac{\partial^2 C}{\partial L \, \partial D}}_{\gtreqless 0} \cdot \underbrace{(D' \varepsilon_L r_D)}_{>0} \\[4mm] \underbrace{\dfrac{\partial F}{\partial r_L} r_D}_{>0} \end{bmatrix}$$

となるので、命題の主張が成立すると言える。∎

　最後に、強制準備レートを上げても同様の効果があることを示す。

命題 4.3　強制準備レート α の増加は預金金利 r_D を上昇させるが、貸出金利 r_L も上昇するかどうかは、

$$\frac{\partial^2 C}{\partial L \, \partial D}$$

の符号に依存する。

証明
　上と同様に、

$$
\begin{bmatrix} \dfrac{\partial r_L}{\partial \alpha} \\[2mm] \dfrac{\partial r_L}{\partial \alpha} \end{bmatrix} = \underbrace{\dfrac{1}{\det(K)}}_{>0} \begin{bmatrix} \underbrace{\dfrac{\partial^2 C}{\partial L\,\partial D}}_{\gtreqless 0} \cdot \underbrace{(D'\bar{r}\varepsilon_L\varepsilon_D)}_{>0} \\[4mm] \underbrace{\dfrac{\partial F}{\partial r_L}\bar{r}\varepsilon_D}_{>0} \end{bmatrix}
$$

を考えることにより、直ちに導出される。■

　以上のようにして、独占的銀行のモンティ゠クライン・モデルは、市場支配力指数アプローチによって、貸出市場と預金市場における不完全競争が考慮され、寡占的銀行のモデルとして拡張できることが示された。分析結果として、一方の市場における市場支配力指数の上昇が他方の市場における均衡利率を上昇させるかどうかは、他方の市場において貸出量／預金量の増加に伴ってその限界費用が増加するか減少するかに依存することが分かった。

第Ⅲ部

競争政策と消費者政策への応用

第5章　競争政策・消費者政策を考えるための展開

市場支配力指数アプローチの有用性を更に見るために、本章では、まず、競争政策に関わる諸概念を導入する。その上で、具体的な理解を深めるための数値例も考えてみたい。

5.1 「限界原理」vs.「平均原理」

今までは、「限界ゲイン＝限界ロス」のバランスで価格が決まるという「限界原理」に焦点を当ててきたが、そこで決まっている価格において企業は正の利潤を得ているということから生じうる「参入」（entry）行為を念頭に置き、「平均原理」がドミナントになって価格が決まるという状況においては $p＝$AC（ただし、AC $\equiv C(Q)/Q$ は平均費用）となることも併せて留意することが可能である。

加えて、我々の市場支配力指数アプローチにおいては、$p＝$AC という状況のみならず、参入が「完全」ではなく、現存企業が依然として正の利潤を稼いでいるという $p＞$AC の状況、あるいは、政府からの「補助金」や金融機関からの不明瞭な借り入れといった理由により、本来は負の利潤しか稼げないので操業を停止すべきにもかかわらず「退出」（exit）がなされないという「ゾンビ企業（zombie firms）」（Caballero, Hoshi, and Kashyap 2008）が存在している状況（$p＜$AC）をも包含することができる。

より具体的には、（対称的な）一企業当たりの固定費用（fixed cost）$F \geq 0$ を明示的に考慮することによって考えることができる。もし固定費用 F が回収できる（サンクされていない）場合、図5.1における ATC と AVC を区

別する必要はなく、ATC を AC と看做して良い。この場合、損益分岐価格を下回るような価格を寡占的な企業が付けることはない。なぜならば、その場合は利潤が負であり、固定費用が回収できることから、退出することによって、その負の利潤を食い止めることができるからである。したがって、寡占価格 p は図 5.1 の（1）の領域にあることになる。

ここでもし、固定費用が回収できない（サンクされている）のであれば、寡占価格 p が図 5.1 の（2）の領域に位置することがあり得る。なぜならば、この領域においては、利潤はマイナスであるものの、退出によっても固定費用 F は回収されず、その分だけの泣き寝入りをするよりは、操業を止めずにその収入で賄うことによって、F よりも少ない損失に抑えることができるである。

しかしながら、寡占価格 p が図 5.1 の領域（3）に位置することはない。ここまで価格が低くなると、損失分が F よりも大きくなってしまうので、もう、操業は止めて、退出した方が良いからである。逆に価格 p が領域（3）にある場合は、この産業における寡占企業は、「ゾンビ企業」ということになる。

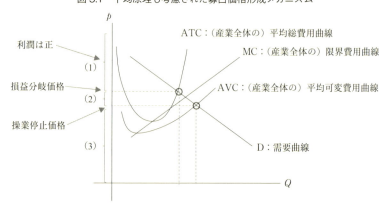

図 5.1 平均原理も考慮された寡占価格形成メカニズム

以上をまとめると、図 5.2 のように、需要構造と費用構造が与えられた下では、完全競争下で実現する (p, Q) は一点で決まるのに対して、不完全競

第 5 章　競争政策・消費者政策を考えるための展開　　73

図 5.2　需要構造と費用構造を固定した下で、不完全競争下で生じ得る (p, Q) の組み合わせ（太線）と完全競争下で生じ得る (p, Q) の組み合わせ（四角）

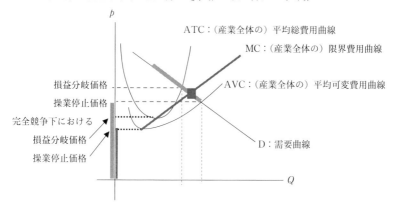

争下では、D、MC、F を固定しても、θ を動かせば、(p, Q) は動く。このようにして、不完全競争は、(D と MC の形状の他は) 市場支配力指数 θ と固定費用 F とによって、特徴づけられていることが分かる。一般的には、F が大きい、D が感応的（需要の価格弾力性が低い）、MC の増加度が高い、と、産業における企業数は少数となる。もし、企業数が少ないということが、市場支配力の高さを意味するのであれば、「需要要因と費用要因とが、産業構造と市場支配力を説明する」ということになる。

なお、小田切（2017, p. 61）は、市場がコンテスタブル（contestable）、すなわち、「参入により利潤が見込まれる限り直ちに参入が起きる」ような状況では、「均衡では価格は平均費用に等しい」と述べているが、我々の市場支配力指数アプローチの枠組みにおいては、このような「完全に」コンテスタブルな状況のみならず、「不完全に」コンテスタブルな状況も包含できる[1]。のみならず、コンテスタブルな状況を、Chamberlin（1933）が考案した独占的競争（monopolistic competition）のフレームワークから理解することにより、市場支配力指数アプローチによって、市場における競争に関わる多様な行為を統一的に扱うことが可能となる。

---

1) Baker（2019, pp. 82-3）は、参入可能性が既存企業の反競争的行為を抑止する効果は限定的であることを指摘しているが、これは、我々が言うところの「不完全にコンテスタブルな状況」と表現されよう。

74 第Ⅲ部 競争政策と消費者政策への応用

以下では、再び「限界原理」に基づく価格づけを念頭に置くこととし、議論の簡単化のために、固定費用 F は明示的には考えない（すなわち $F = 0$）ことにしたい[2]。

5.2 独禁法学上の概念との関係

さて、我々が導入した「市場支配力指数」は、独禁法学における「市場支配的状態」というキー概念（例えば、白石 2023a, p. 31 や白石 2023b, p. 31 を参照）と対応するものと解釈されることによって、不完全競争の経済理論と独禁法学上の議論とがより有機的に結びつけられ、（競争政策等を判断する際の）「実益」に密着した知的基盤を提供することが可能となる[3]。

より具体的には、独禁法学における通説においては、「一定の取引分野における競争の実質的制限」とは「市場支配力の形成・維持・強化」を示すものであるとされるが（例えば、白石 2023a, p. 31 や白石 2023b, p. 24 を参照）が、これは、企業が単独であるいは協調して、(A)「競争停止」、(B)「他者排除」、(C)「搾取（優越的地位の濫用）」、あるいは (D)「企業結合（合併）」といった「行為」(conduct) を行う結果として θ が上昇することを意味しているものと解釈されよう。そしてそのことによって、次の第5.3節で見るように、消費者利益が損なわれることが「弊害」(harmful effects) を具体的に示すものと捉えられる[4]。幕田 (2017, p. 22) は、「市場支配力というと、市

---

2) ここでは、「参入」が生じた後の帰結的側面に焦点を当てているが、「参入プロセス」自体の説明のためには、「動学」(dynamics) を考えなければならない。なお、「動学」の問題は、「イノヴェーション」生成自体の問題を考える上でも重要である。これらの問題の入門的な解説としては、伊神 (2018) を参照されたい。対して、市場支配力指数アプローチには、イノヴェーション自体の生成には焦点を当てない代わりに、市場構造がより複雑な状況において、イノヴェーション活動に伴う「競争促進効果」(pro-competitive effects) と「競争抑制効果」(anti-competitive effects) とを比較する上で利点がある。

3) 現在、独禁法学上の通説においては、「市場支配的状態」は「市場支配力」と同義に使われている。嘗て、これに関して論争があったことは、鈴村 (2018, 第6章) 所収の小宮隆太郎との対談における、公正取引委員会競争政策研究センター (CPRC) 側からの参加者による発言に詳しく、現代の通説では、「市場支配的状態」状態概念としての「市場支配」と行為概念としての「市場支配力（の行使）」を区別」はされない (p. 199)。なお、鈴村 (2018, p. 197) の脚注82によると、「CPRC 側の発言の多くは林秀弥氏によるものである」とのことである。

4) なお、実務上は、弊害の程度が大きいものは「競争の実質的な制限」に当たる一方、比較的軽いものは「公正競争阻害性」に抵触するものとされる（幕田 2017, p. 32）。

第5章　競争政策・消費者政策を考えるための展開　　75

場における一社独占企業のように、市場を完全にコントロールできるような力でなければならないように聞こえるが、そうではなく、人為的に市場の競争機能を損なうことを意味することに留意が必要である」と指摘しているが、この意味は、我々の市場支配力指数アプローチに基づけば、明確に理解することが可能である[5]。

　勿論、現実の競争政策においては、θ が各企業で同一でないというケースを対象とするが、ここでは基本的なフレームワークの出発点を想定しているため、「θ、mc（ここで mc とは、企業レヴェルの限界費用曲線のこと）、F が各企業で同一という意味で対称的」とされているだけであり、必要に応じて、θ、mc、F を式（1.5）や式（1.6）に基づき、$\boldsymbol{\theta}$、$\mathbf{mc}$、$\mathbf{F}$ などとヴェクトル表記を用いて式（1.2）を一般化することが可能である（最終章に続く「結語」の末尾も参照）。

　参考のため、ここで日本における独占禁止法の運用との対応を考えてみる。菅久他（2019, p. 9）にあるように、「独占禁止法は、公正かつ自由な競争を促進することという目的を達成するため」、（1）不当な取引制限、（2）私的独占、（3）不公正な取引方法「を禁止するとともに」、（4）企業結合「を規制している」。ここで、上記（A）–（D）とここでの（1）–（4）との対応は、以下の表 5.1 のように纏められるであろう。

表 5.1　反競争的行為の一覧

（A）競争停止	（B）他者排除	（C）搾取	（D）企業結合（合併）
（1）不当な取引制限	（2）私的独占　排除型私的独占　　支配型私的独占		（4）企業結合
	（3）不公正な取引方法		

　まずは、「不当な取引制限」は、競争事業者同士がカルテルや入札談合を

---

5)　同様に、川濱（2024, p. 335）も、「支配力という言葉の語感から特定の事業者ないしは共同行動を行っている集団が単独で保有している場合に限るという解釈も考えられ得るが、一般的語感を読み込んだだけであり、実質的な根拠がない」とした上で、「市場支配力とは要するに競い合いが充分でなくなったために競争水準から乖離した取引が可能になるという事態のことであり、単独で保有される必然性はない」と述べている。

行うことによって、競争が人為的に制約される状況である。次に、私的独占とは、「競争相手を市場から排除または支配し、独占へと向かっていく、そのような方向性を持っている行為」（後藤 2013, p. 67）と捉えられる。このような排除や支配が、「正常な競争手段の範囲を逸脱」（後藤 2013, p. 64）することによって、競争が実質的に制限されると判断される場合は、「私的独占」と看做される一方、それが限定的である場合は、「不公正な取引方法」として処理されるという、言わば「二段階形式」となっている（上の脚注4も参照）。

　なお、「私的独占」は「排除型」と「支配型」の二種に分かれており、「排除型の私的独占とは「事業者が単独又は他の事業者と共同して、不当な低価格販売などの手段を用いて、競争相手を市場から排除したり、新規参入者を妨害して市場を独占しようとする行為」を意味する」（後藤 2013, p. 69）一方、「支配型の私的独占とは「事業者が単独又は他の事業者と共同して、株式取得などにより、他の事業者の事業活動に制約を与えて、市場を支配しようとする行為」（後藤 2013, p. 69）を指す[6]。最後に、企業結合は、私的独占に対する事前規制と捉えられる（村上政博 2017, p. 70）。

　以下では、市場支配力アプローチの分析例として、(a)「不当な取引制限」における価格カルテル、そして、(b)「企業結合」における水平的合併を考える。(a) は、既に行った説明から適用が類推されるが、次の第5.3節において、数値例も伴って、検討される。また、(b) に関しては次章において説明する（他にも例えば、「排除型支配独占」／「不公正な取引方法」における「廉売」といったトピックスもあるが、それらの検討は今後の検討課題としたい）。また、垂直的構造が関わってくる行為に対して、どのようにして市場支配力指数アプローチを当てはめることができるかについては、第7章で考察する。

　なお、「不当な取引制限」における入札談合を考える際は、不完全競争理論の適用ではなく、「オークション理論」（auction theory）を入札の文脈に当てはめることが妥当であると考えられる。例えば、競争政策との関連にも気

---

6)　なお、「私的独占」は、アメリカにおいて、「独占化」（monopolization）と呼ばれるものに対応している（後藤 2013, p. 71）。

第5章　競争政策・消費者政策を考えるための展開　　　77

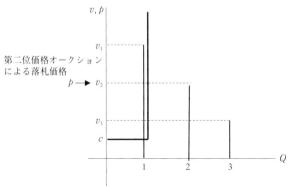

を配っている成書として、Whinston（2008）や Marshall and Marx（2012）がある。

ここで簡単に状況を説明すると、図5.3は仮想的なケースとして、入札者が3人いるが、各入札者iは、v_iの私的価値（private value）を持っており、分析者の視点からは、$v_1>v_2>v_3$であることが分かっている。ここでは、公共調達とは裏返しに考えて、政府が財を1単位だけ売るものとして、その総費用をcとしている。しかし、1単位を超えての生産は不可能であるので、効率性の要件は、「最も高い価値を持つ入札者が確率1で入札できる」ことである。その際、入札価格は、入札者の価値以下で、主催者の費用以上の落札価格である限りは、いずれの値であっても良い。

そもそも財の売り手は独占者であるにもかかわらず、$p=v_1$という価格づけを自明のこととはできない。なぜならば、各v_iは、各入札者iの私的情報なので、主催者が最も高いv_iを持つiを見つけて、価格$p=v_i$をアサインするという訳にはいかないからである。そこで、オークションをすることになるが、Vickley（1961）以来、「第二位価格オークション」（second price auction)、すなわち、「最高入札者が落札し、その際、二番目の入札額を支払う」という方式を採用すれば、各入札者が自身の私的価値を正直に入札することが支配戦略（dominant strategy）となることが知られている。ここで競争政策との関連では、入札者（買い手）側の反競争的行為が問題となる。すなわち、買い手の一人ひとりが「競争的」にではなく、「共謀的」に入札を

行い、落札価格 p を低く抑えるとすることが問題とされる。これは、公共調達の文脈では、落札価格を高く保とうとすることを意味するので、政府支出の抑制という観点から見て問題があるということになる。

ここで、入札のような状況を対象に対して市場支配力指数アプローチを適用することによって、オークション理論のエッセンスを不完全競争の理論に接合するという可能性を考えるために、Bulow and Roberts（1989）による定式化を考察したい。まず、買い手 $i=1, 2, \cdots, N$ の評価額 v_i は、自身はその値を分かっているが、第三者からは、F_i という確率分布に従って決まるという不完全な形でしか理解されていないものとする。そして、買い手 i の評価がある値 v を超える確率を $1-F_i(v) \equiv q$ とする。

評価額 v を縦軸（価格軸）に対応させ、q は横軸（数量軸）に対応させることによって、各買い手 i の「需要曲線」を想定することができる。そして、それに対応して、「限界収入曲線」

$$\mathrm{MR}_i(v) = v - \frac{1-F_i(v)}{f_i(v)}$$

を考えることもできる。なお、限界収入がゼロに対応する評価額は、それ以下の価値が実現した場合には落札する意味がいないという意味で「留保価値」（reservation value）に対応していると考えられる。

このように N 人の買い手がいる状況の下で、独占的売り手が期待利潤を最大化する問題は、N 個の分断された市場に直面する独占者による価格づけ問題、すなわち、独占的第 3 種価格差別（monopolistic third-degree price discrimination）の問題として捉えられることを Bulow and Roberts（1989）は論じている。ただし、ここで問題になっているのは、売り手側ではなく、買い手の方の共謀である。これは、買い手独占（monopsony）を一般化した買い手寡占（oligopsony）を想定して、そこに、市場支配力指数アプローチを適用することが可能であると考えられる。これについては、今後の検討課題としたい。

5.3　数値例

それでは、より理解を深めるために、第1章の式（1.2）を用いて、小川・家森（2016, p. 186）の練習問題を解いてみることにしよう。ここでは、市場の逆需要関数が $p=10-Q$ として与えられ、産業における費用関数が $C=0.5Q^2$ として与えられている。

固定費用のないケース

まず固定費用 F を考えない場合、通常は、独占利潤

$$(10-Q)Q-\frac{1}{2}Q^2$$

最大化の一階条件を解いて、$Q=10/3$ となる。ここで、式（1.2）を使えば、対称的な寡占企業が競争している不完全競争の問題として、容易に理解できる。すなわち、式（1.2）から、

$$\theta Q=\mu\cdot\left(-\frac{\Delta Q}{\Delta p}\right) \tag{5.1}$$

となり、この例では、$dQ/dp=-1$ なので、

$$Q=\mu$$
$$\Leftrightarrow \theta Q=10-Q-(0.5Q^2)'$$

を解いて、

$$Q^*=\frac{10}{\theta+2}$$

を得る（図 5.4）。既に独占（$\theta=1$）については説明してあるので、他方の極端として、完全競争とは、$\theta=0$ の時と説明すれば良い。図 5.4 から、競争の程度が下がる、すなわち、市場支配力指数 θ が上昇するに連れて、市場での供給量が減少することが分かる。

次に市場価格は、

$$p^*=10-Q^*=\frac{10(\theta+1)}{\theta+2}$$

と求まり、競争の程度が下がると、今後は、価格は上がっていくことが分か

図 5.4　市場支配力指数 θ と産業の総生産量 Q^* との関係

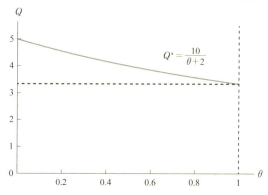

図 5.5　デッドウェイト・ロスの図解

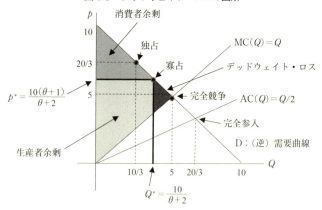

る。以上をもとに、この市場における消費者余剰と生産者余剰は、図 5.5 のように図示される。

　より具体的には、生産者余剰、消費者余剰、そして、それらの和である社会厚生は、それぞれ

図 5.6　市場支配力指数 θ と生産者余剰 PS、消費者余剰 CS との関係

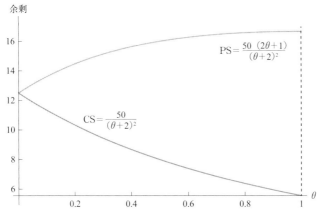

図 5.7　市場支配力指数 θ と社会厚生 SW との関係

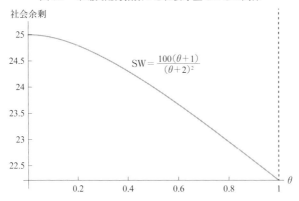

$$CS(\theta) = \frac{50}{(\theta+2)^2}$$

$$PS(\theta) = \frac{50(2\theta+1)}{(\theta+2)^2}$$

$$SW(\theta) = \frac{100(\theta+1)}{(\theta+2)^2}$$

のように、市場支配力指数 θ の関数として具体的に与えられる。図5.6・図

5.7 で示されているように、社会厚生と消費者余剰は $\theta=0$ の時に最大化される一方で、生産者余剰は $\theta=1$ の時に最大化される[7]。

　ここで市場支配力指数 θ は、産業における財の特質（製品差別化の度合）から基本的には決まる一方で、企業側とすれば、可能ならば、θ を高めたいという誘因を持つ。すなわち、第 2 章第 2.1 節で見たように、製品差別化の度合い等の市場構造によって、産業の協調度パラメータ κ がゼロである時に対応する市場支配力指数の下限 $\underline{\theta}$ が決まっているものの、企業にとっては種々の「行為」（conduct）によって、市場支配力指数 θ を $\underline{\theta}$ よりも高めることが望ましい。これこそが、上の第 5.2 節において触れた「市場支配力の形成・維持・強化」の経済理論的表現と言える。この θ の上昇は、消費者余剰及び社会厚生を低下させることであるために、政府はこれを阻止しなければならない。これが、経済理論的観点から見た、「競争政策」の正当化ということになる[8]。

　この事情は、ヴォーゲル（2018, p. 63）によって、以下のように端的に表現されている。すなわち、「競争は市場経済のかなめではあるが、決して自然なものではない。アダム・スミスも認めていたとおり、商人は選べるならば競争よりも結託を選ぶ。それは価格協定のような明らかな共謀行為となるかもしれないし、ビジネスパートナーとの排他的取引の取り決めのような、より微妙な形での反競争的慣行となるかもしれない。そのため現実問題として、政府が企業に競争を奨励もしくは強制しなければならない状況となることもある。」

　なお、この $\underline{\theta}$ は、Clark（1940）による「有効競争」（workable competition）

---

7)　なお同様に、この数値例においては、デッドウェイト・ロスは、三角形の面積として求められ、

$$DWL(\theta) = \frac{1}{2}[p^* - MC(Q^*)][Q^{pc} - Q^*]$$
$$= \frac{25\theta^2}{(\theta+2)^2}$$

である。

8)　市場支配力指数の下限 $\underline{\theta}$ が完全競争の水準である 0 よりも大きい場合には、競争政策に求められているのは、実際の市場支配力指数 θ を $\underline{\theta}$ に一致させるようにすることであり、それを下回って、0 に近づけようと考えるのは本末転倒であることは、市場支配力指数アプローチに基づけば容易に理解できる。この点は、種々の経営実務に関わる冨山和彦氏による発言、すなわち、「完全競争に近い状態にもっていくことだけが消費者の便益をもたらすという（のは）時代錯誤の発想です」（冨山・大庫 2017, p. 121）を経済理論的に表現したものであると言えよう。

図 5.8　拡張されたラーナー公式の解釈

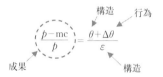

と対応していると考えても良いであろう。宮崎（1972, p. 174）によれば、「これは、「完全競争」のような理論的分析上の概念ではなく、もともとアメリカの反トラスト政策の現実的な経済的基準として登場した概念」とのことであるが、市場支配力指数アプローチによって、この「有効競争」に対しても、理論的な位置づけを与えることが可能となっている。

この点をもう少し詳しく考えるために、式（1.4）を、いわば「拡張されたラーナー公式」として図 5.8 のように解釈してみる。Landes and Posner（1981, p. 938）は、左辺のラーナー指数を市場支配力の経済的定義としているが、より正確には、市場支配力行使の結果（performance）と看做されるべきであろう。右辺は、その結果が、需要側の「構造」（structure; ε と $\underline{\theta}$）と企業の（反競争的）「行為」（conduct）によって表現されることを示している。

ここで、我々の市場支配力指数 θ は、産業全体にとっての需要の価格弾力性を除いた、構造 $\underline{\theta}$ と行為 $\Delta\theta$ の混合とも言うべきものであったが、行為の程度を抜き出したい場合は、競争の様式を特定化することによって、それが可能になる。第 2 章第 2.1 節の表 2.1 が示すように、同質財の数量競争の下では $\underline{\theta} = 1/N$ であり、対称的な製品差別化財の価格競争の下では

$$\underline{\theta} = 1 - \frac{(N-1)\varepsilon_{\mathrm{cross}}(p)}{\varepsilon_{\mathrm{own}}(p)}$$

である（ここで、$\varepsilon_{\mathrm{own}}(p)$ は、価格 p における、各企業に取っての需要の（自己）価格弾力性、$\varepsilon_{\mathrm{own}}(p)$ は（各企業で対称な）需要の交差弾力性を表している）[9]。このようにして、「競争停止」「他者排除」「搾取（優越的地位の

9）なお、$\varepsilon_{\mathrm{own}}$ と $\varepsilon_{\mathrm{cross}}$ の双方とも、p の値にかかわらず定数になるような需要関数は、代表的消費者の効用関数からの最大化問題からは生成されないことを Adachi and Ebina（2016）は論じている。

濫用）」、あるいは「企業結合行為」によって、$\Delta\theta$ がどれほど大きいのかを数値的に議論することによって、「一定の取引分野における競争の実質的制限」の深刻度を議論することが可能である[10]。

固定費用のあるケース

次に、固定費用のあるケースを考えてみよう。需要側の条件は上述の例と同じものとするが、産業の費用関数は

$$C(Q) = 6 + 3Q$$

とする。ここで、（サンクされていない）固定費用は 6 であり、限界費用は 3 と定数になっている。ここで、産業の平均総費用は、

$$\mathrm{ATC} = \frac{6}{Q} + 3$$

であり、図 5.9 が示すように、$Q=1, 6$ で交差している。市場支配力指数アプローチの適用により、産業における生産量は、

$$Q^* = \frac{7}{\theta + 1}$$

であり、また市場価格は

$$p^* = 10 - Q^* = \frac{10\theta + 3}{\theta + 1}$$

であることが分かる。この時のデッドウェイト・ロスは図 5.9 のように示されている。

なお、θ が十分に低く、$1/6$ 未満となる時は、もし固定費用がサンクされていない場合は、企業は参入することで赤字を被るだけなので、Q が 6 を超えることはない。ただし、第 5.1 節で説明したように、固定費用がサンクされている場合は、操業停止価格 3 を超える価格での生産は実現可能である。図 5.10 は、社会厚生 SW を市場支配力指数 θ の関数として表現した際のグラフであり、同様に、図 5.11 は、消費者余剰 CS と生産者余剰 PS を市場支

---

10) ただし、川濱（2024, p. 335）が指摘するように、厳密には、排除を行う能力は、市場支配力とは区別するべきで、したがって、本書での市場支配度指数とは別にして考えなければならないものであろう。これついては、「結語」においても再度言及する。

図 5.9 デッドウェイト・ロスの図解（固定費用のあるケース）

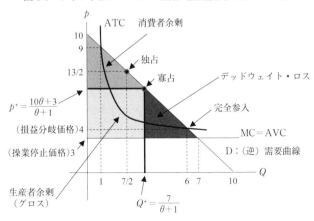

図 5.10 市場支配力指数 θ と社会厚生 SW との関係（固定費用のあるケース）

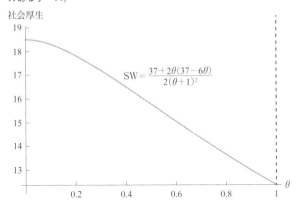

配力指数 θ の関数として表現した際のグラフである。社会厚生と消費者余剰は $\theta=0$ で最大化される。しかしながら、競争政策はこの達成を目標とすべきなのではなく、θ を下限 $\underline{\theta}$ から上昇させて、$\theta=\underline{\theta}+\Delta\theta$ とするような、$\Delta\theta$ をゼロとすることが、競争政策の目的とするところである。しかしながら、そのような $\underline{\theta}$ が 1/6 未満の時には、社会的に最善である $\theta=\underline{\theta}<1/6$ の時には、図 5.11 が示すように、企業は赤字を負担せざるを得ない。これへの対処としては、(1) 政府が企業の赤字を補填するような補助金を与える、

図 5.11　市場支配力指数 θ と生産者余剰 PS、消費者余剰 CS との関係

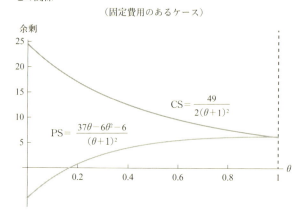

あるいは、国営化する。(2) $\Delta\theta \geq 1/6 - \theta$ であるような「反競争的行為」も「黙認」する、という二つの考え方があり得るものと思われる。特に後者は、独禁法学の「正当化事由」として捉えられるかどうかについての検討は、今後に委ねたい。

5.4　「規模の経済性」の導入

以上の例においては、いずれの $Q>0$ であっても、平均総費用 ATC が減少していくという「規模の経済性」(economies of scale) が働いている[11]。アルフレッド・マーシャル (1842–1924) は、このような「企業の大規模生産の現実」(根井 2019, p. 95) を経済理論に取り込もうとした結果、次のような「矛盾」に行き当たった。すなわち、規模の経済性によって、生産が「大規模の企業ほど生産性が安く」(根岸 1997, p. 179) なる結果として、産業は独占に行き着くのではないかということである[12]。しかし、ここでマーシャ

---

11) 安達 (2024, 第 3 章) は、規模の経済性に着目することによって、20 世紀型の重工業主導経済を特徴づけている。
12) 坂口 (1974) は、マーシャルが、クールノーへの批判として、この論点に行き着いたことを指摘している。

ルは、「個々の企業が直面する需要曲線は一定の市場価格でいくらでも売れるという水平なもの」（同）と想定していたものと考えられる。もし上の例のように、「市場の広さによって制限」（同）されているような右下がりの需要曲線を考えれば、完全参入の点において、そこそこの生産規模の（対象的）企業が市場に存在していると考えられるが、このような着想は Chamberlin (1933) によって展開されることになる。この状況は、次に説明するマーシャルの議論の展開と対比して、「外部経済（external economies）のない場合の規模の経済性」と描写されよう。

対して、マーシャルが論じた「外部経済のある場合の規模の経済性」は図5.12 のように表される。ここで、$TC(Q;Q')$ は、Q' が総生産量であることを前提として、$Q \in [0, Q']$ における限界費用 $MC(Q;Q')$ や平均総費用 $ATC(Q;Q')$ を表現された便宜的なものであり、総費用として意味を成すのは、$TC(Q';Q')$ の一点のみである。集約的企業は最適化に際して、外部経済が考慮された限界費用曲線を考慮する。

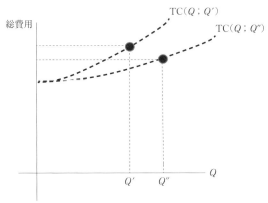

図5.12 外部経済の下での産業の総費用曲線

以上を前提とすれば、第1章の式 (1.2) は、
$$\theta \cdot dp \cdot Q = (p - MC + \Delta MC) \cdot (-dQ)$$
$$\Leftrightarrow \theta \cdot dp \cdot Q = \mu \cdot (-\Delta Q) + \Delta MC \cdot (-dQ)$$
のように拡張される（図5.13）。例えば、式 (1.2) のケースでは、$\theta \cdot dp \cdot$

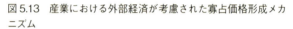

図 5.13 産業における外部経済が考慮された寡占価格形成メカニズム

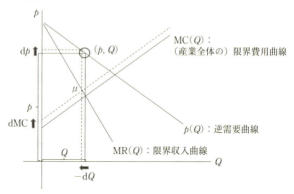

$Q > \mu \cdot (-dQ)$ であれば、価格を上げることによる限界的な利潤増加の方が、限界的な利潤減少よりも大きいため、価格を上げるインセンティヴがあるが、今のケースでは、すでに同じ価格・数量水準で、$\theta \cdot dp \cdot Q \leq \mu \cdot (-dQ) + \Delta MC \cdot (-dQ)$ となっているかも知れず、このことによって、式 (1.2) のケースよりも価格を下げる方向に働くことが分かる。このようにして、産業における「集約的企業」の問題として、「マーシャルの外部経済」を取り扱うことが可能である。

ここで学説史的に興味深いことは、伊藤 (2011, p. 61) によれば、マーシャルの『産業経済学』(「前期マーシャル」(Marshall Mark I) とも呼べよう) においては、「モデル分析こそなされていないものの」(同)、現代のミクロ経済学と同様に、独占においては高い価格が設定され、消費者利益を損なうという見方が提示されている。これは、最初に市場支配力指数アプローチを導入したスタンダードな設定に対応している。

しかし、『原理』以降、マーシャルはこの議論を否定する」(同)。その要点は、独占企業による「内部経済」(独占の場合、企業は産業全体の「代表的企業」でもあるので、「代表的企業」が「外部経済」を享受していると考えることができるが) の結果、生産費の低下がもたらされ、限界費用曲線や平均費用曲線の下方へシフトが生じる結果、競争状態よりも独占の方が、価格が低いことが起こり得ることをマーシャルが認識するようになったこと

である（「後期マーシャル」（Marshall Mark II））。

　ただし、限界費用が低下したからと言っても、他方では、独占の方が需要者に対する価格支配力が高まっているわけであるから、限界費用が十分に低下しない限りは、依然として、独占の方が価格は高いのではないかという自然な疑問が生じる。そこで、マーシャルは突如として、「独占者は、独占利潤の極大化ではなく、独占利潤に消費者余剰の一定割合を加えたものの極大化をめざす」（伊藤 2011, p. 67）との主張を導入するが、その背景として、伊藤（2011）は、『原理』第6編第13章で展開されている「経済騎士道の思想」の影響を指摘している。これこそが、根井（2019, p. 94）が指摘した（第1章脚注5参照）、ジョーン・ロビンソンが反発を感じた「お説教めいた文章」ということになろう。

第6章 水平的合併への応用と消費者政策への基礎づけ

　それでは、本章においてはまず競争政策への応用例として水平的合併を考えてみたい[1]。更に市場支配力指数アプローチの応用可能性を探るため、消費者政策への経済理論的な基礎づけについても検討する。

6.1 価格上昇圧力と厚生増加促進的効果

　まず、図 6.1 のように、水平的な合併によって市場支配力指数 θ が上昇し、価格上昇圧力（Upward Pricing Pressure; UPP）が生じる（効果①）[2]。しかしながら、図 6.2 が示すように、水平的合併に伴い、合併企業における限界費用が低下するという効果②も期待される。なお、ここで、たとえ合併前において企業が対称的であったとしても、合併によって、新しく合併によって生まれた企業と、それ以外の企業との間で非対称な状況が生じるのではないかと考えられるかもしれないが、市場支配力指数アプローチの第 1 次的方法は、簡単のため、企業同士はあくまで対称的であるとして、産業全体において共通の市場支配力指数 θ を考えようとすることである。その意味では、合併前であっても、企業は対称的であるかのように想定されているわけである。
　企業間が非対称な状況を真正面から考えるためには、第 1 章第 1.2 節にお

---

1)　久保（2017）は、企業結合審査において経済学的な概念がどのように用いられているのかを簡潔に解説している。

2)　Farrell and Shapiro（2010）は、それまでは、同質財のクールノー競争が基本的には前提とされていた、水平的合併の価格上昇圧力に関する分析に対して、製品差別化を前提とした分析を提示した。なお、Farrell and Shapiro（2010）においては、同時手番的価格競争におけるナッシュ均衡において決定される価格を前提としているが、我々の市場支配力指数アプローチは、ナッシュ均衡で決まる価格以外の価格も取り扱うことができる。

ける式（1.5）や式（1.6）のような特定化が必要となってくるが、誘導的な分析手法としては、第2章2.4節でのような非対称性の導入を用いることも可能であろう。ここで考えている効果は、産業の平均を捉えていると考えるべきである。

更には、企業の水平的合併によって、製品の質が改善することも想定が可能である。これをここでは、各消費者が財に対する留保価値（reservation value）を上昇させたとして、逆需要曲線として見た場合、上へのシフト（需要曲線として見れば、右へのシフト）と捉える（図6.2の③）。効果①は競争抑制効果であるが、効果②と効果③は競争促進効果に分類される。最終的に価格が上昇するかどうかは、これら三者の拮抗となることが理解できる[3]。

なお、通常、日本における独禁法、米国における反トラスト法の運用においては、価格上昇圧力を考える際は、単独効果（unilateral effects）と協調効果（coordinated effects）が区別される（泉水 2018, p. 51; Marshall and Marx 2012, pp. 258–63）。前者は、企業間競争が減少することによる直接的帰結であり、脚注2で述べている Farrell and Shapiro（2010）によるゲーム理論的なモデル分析における UPP（価格上昇圧力）はこれに対応している。他方、後者は、合併によって明示的あるいは暗黙的な共謀（協調的な価格づけ）が誘発されるという、副次的な効果である。我々の市場支配力指数アプローチは、後者も包含するものとなっている。

6.2 企業結合における価格基準との関係

周知のように、日本の公正取引委員会が示している「企業結合審査に関する独占禁止法の運用指針」、いわゆる「企業結合ガイドライン」においては、一定の取引分野の画定するに当たって、「SSNIP基準」が用いられている。

---

3) 岡田羊祐・林秀弥（2017, p. 19）は、「米国の合併規制では、合併によって市場支配力が形成・維持・強化されたとしても、効率性の増大によって価格低下が生じるなど消費者利益が見込まれる場合にのみ合併を容認する考え方が主流となっている。すなわち、消費者余剰が明確に損なわれると判断される合併は認められず、そのような場合には生産者による効率性の抗弁（efficiency defense）は認められない」と述べている。

図6.1 水平的合併に伴う価格上昇圧力（UPP）
①$\theta_0 \to \theta_1$「市場支配力の形成・維持・強化」に対応

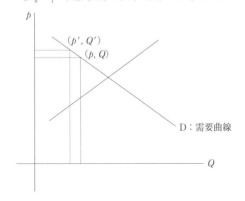

図6.2 水平的合併に伴う厚生増加促進的効果（費用削減（②）と品質向上（③））

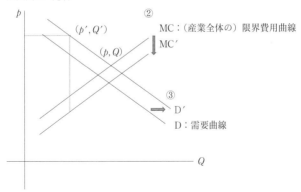

それによれば、仮想的独占者が「小幅であるが実質的かつ一時的ではない価格引上げ（Small but Significant Non-transitory Increase in Price）」を行うことができる市場の範囲を一定の取引分野とする。例えば、2011年に生じた「新日鐵・住友金属合併計画」の事例でも示されたように、SSNIP基準を用いて一定の取引分野が画定され、その後、競争の実質的制限について、企業数や市場シェア、輸入競争の存否が詳細に検討される。しかし、これらの指標が市場支配力にどのように関連するかは必ずしも明らかではない。そこで、市場支配力指数アプローチを基礎に据え、様々な指標を包含して検討するこ

とによって、市場支配力が形成・維持・強化される蓋然性を直感的かつ簡明に捉えることが可能となるであろう。

更に、「セロファンの誤謬」（例えば、林秀弥 2007 を参照）で指摘されるように、SSNIP 基準では、企業結合前の現行価格が独占価格に接近している場合、企業結合前の現行価格が競争価格の場合と比べ、需要の価格弾力性は大きい値をとるために、市場の範囲を必要以上に広く捉えてしまう危険性がある。すなわち、不完全競争市場に対して SSNIP 基準を用いることは、市場の境界線を便宜的に推定する際に、実態経済と乖離する恐れがある。

それに対して、UPP（Upward Pricing Pressure）の考えでは、一定の取引分野における競争の実質的制限、すなわち、市場支配力の形成・維持・強化を直接的に捉えようとする。また少なくとも、UPP が確認された範囲を一定の取引分野と画定することで、独禁法上の要件を押さえることもできる。したがって、「企業結合ガイドライン」が採用する SNNIP 基準を用いた一連の企業結合審査に比して、競争の実質的制限を簡潔に説明することができる UPP は、市場支配力指数アプローチとの親和性が高いと言える。

なお林秀弥（2019, p. 31）が指摘するように、競争政策や消費者政策の多くの問題においては、特定の少数の企業による行為が、相対的に莫大な数の消費者に損失を与えるものの、「個々の損害は「広く浅く」帰属することが多いため、訴訟コストや労力の点から、個々の消費者が被害回復を求めるインセンティヴは一般に低い」という特徴を一般に持つ。同様の問題は、Krugman, Obstfeld, and Melitz（2022, Ch.10）が、Olson（1965）を引用して、関税の文脈で指摘しており、また、Downs（1957）が、個々の有権者の情報収集コストに着目して指摘した点とも重なる。「市場」という抽象的概念をベースにすることによって、消費者政策をも包括した競争政策全般の存在意義を観念することができるわけであり、そのような市場の実態を「完全競争」ではなく、「不完全競争」をベンチマークとして捉えようとする市場支配力指数アプローチの意義はここにも見出すことができるであろう。

6.3 限定合理性

次に、消費者政策の基礎づけを考える際の市場支配力指数アプローチの有用性を探るための一例として、Agarwal, Chomsisengphet, Mahoney, and Stroebel (2014) による「行動経済学的」テーマに関するフォーミュレーションの解釈を、市場支配力指数アプローチを前提として提示してみたい。状況としては、企業の提供する財・サーヴィスの価格 p は、はっきりと消費者に認知される価格 p_1 に対応する部分（例えば、年会費など）と、はっきりとは認知されない部分（例えば、追加オプション費など）に対応する価格 p_2 とからなるものとする。消費者の認知合理性が完全であれば、市場全体の需要量は、$Q(p_1 + p_2)$ で決まることになる。

しかしながら、追加的部分が、企業による巧妙な告知方法等により、完全に認知されない時、認知の度合を $\psi \in [0, 1]$ というパラメータで表すと（$\psi = 1$ は、追加的部分を完全に認識していることを意味し、$\psi = 0$ は、追加的部分を全く認識していないことを意味する）、市場全体の需要量は、$Q(p_1 + \psi p_2)$ と与えられることになる。この意味で、消費者が「限定合理的」（boundedly rational）であることを許容し、$\psi = 1$ と $\psi = 0$ を両極端として、ψ によってその程度を表現している[4]。

ここで、図1.1 と比較すれば、同じ価格水準に対応する需要量が、図6.3 で示されているように、「偽」の需要曲線 D' に基づいて、「非合理に」拡大していることになる。この結果として、$\psi < 1$ の下での価格は、$\psi = 1$ の時よりも上昇することになるが、消費量も同時に上昇するかケース・バイ・ケースである。

図6.4 は、第5.3 節での数値例に基づいて、一つのケースを示しているが、消費者余剰は、左上の部分がプラスではあるが、右下の部分はマイナスであ

---

4) ここで、p_2 を第3章で扱ったような従量税と解釈し、実質的には同じことを意味するはずの内税表示・外税表示といった価格表示の明示性が、消費者の限定合理性を通じて、税込みの価格総計の認識に違いを生じさせると考えて、ここと同様の分析を展開することができる。例えば、Lardeux（2022, Chapter 3）による解説を参照されたい。また、不完全競争の文脈においては、Kroft, Laliberté, Leal-Vizcaíno, and Notowidigdo（2024）が、Adachi and Fabinger（2022）と同様、厚生や租税帰着に関する公式を導出し、アメリカのデータを用いながら、租税負担が消費者側に多く発生していることなどを議論している。

96　第Ⅲ部　競争政策と消費者政策への応用

図 6.3　限定合理的認知のもとでの価格と数量の決定メカニズム

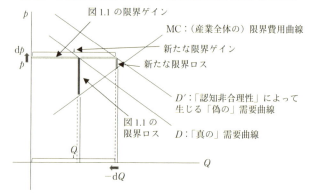

図 6.4　限定合理的認知のもとでのデッドウェイト・ロス

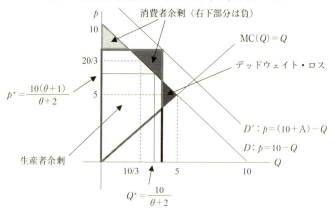

る。他方、生産者余剰は、太線で囲われた台形の部分に対応しており、その拡大は顕著である。以上の簡単な例は、「競争政策」とはそれ自体は独立の「消費者保護政策」に関しても、市場支配力指数アプローチによって、両者の経済理論的基礎を統一的に与えることが可能になることを示していると言えよう[5]。

---

5)　川濱（2017, p. 292）は、「事実として合理性で説明できない場合には行動経済学の視点が重要であることは確かである。ここでのポイントは先験的に行動経済学か合理的選択かが問題なのではないことである。具体的なケースでの合理的選択がほころびを生じているか否かは、当該ケースや類似ケースの細部にわた

6.4 情報の非対称性

次に Einav and Finkelstein（2011）に依拠しながら、「情報の非対称性」が無視できないような市場を想定し、そのような市場における不完全競争も市場支配力指数アプローチによって把握できることを論じたい。発展的な議論については、Mahoney and Weyl（2017）を参照されたい。

ここで想定されている財は「保険サーヴィス」であり、今まで通り、「需要」と「費用」という概念が用いられる。企業は、確率的に生じる事故による損失をカヴァーする「保険サーヴィス」を販売している。消費者はリスク回避の面では同質的な選好を有し、個々人は事故の生じる確率を認識しているが、企業の側はそれを知らないという意味での「情報の非対称性」が存在している。なお、保険のカヴァレッジのような「質」については今まで通り、考察の対象外とし、「質」が固定されたもとで、各企業は不完全競争を行っているものとする。各消費者は、保険を「一つ」買うか買わないかという二者択一に直面している（図 6.5）。ここでは、価格が p の時、保険を購入する消費者の割合は、$Q(p)/\bar{Q}$ となっている。

さて、このように、留保支払い準備額が高い順番で左から並べられた消費者に対して、企業が左から順番に供給していく時の限界費用はどのように表現されるのか？　この限界費用曲線は、企業側の認識に基づくものである。そこで、企業は、保険に対する価値づけが高い消費者が、限界費用も高い消費者であるという認知をしていると考えていると想定することで、「情報の非対称性」（information asymmetry）を表すものとする。

図 6.6 のように、留保支払い準備額で並べられている順番が、限界費用の高低とも関わっているという点が、情報の非対称性が深刻な市場と、そうでない市場とを区別するものとなっている。通常の市場においては、需要曲線は消費者側の選好から、限界費用は企業側の技術から独立に決められている。しかしここでは、ある Q における消費者のリスクに対する選好は、留保支

る事実から判断すべきことである」と述べており、個人の心理的要素に着目する行動経済学と、より大きな不完全競争という市場経済の問題とを、市場支配力指数アプローチによって統一的に捉えようとする我々のプラグマティックな姿勢も同様である。

払い価値曲線 $v(Q)$ を決めるのみならず（需要曲線 $Q(p)$ は、$p=v(Q)$ と置き、逆関数を考えて、$Q=v^{-1}(p)$ とし、$v^{-1}(\cdot) \equiv Q(\cdot)$ と表記することで、得られる）、限界費用曲線 $MC(Q)$ も決めているということになる。

図6.5 保険需要曲線

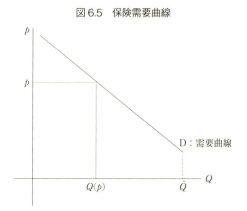

図6.6 保険の「生産」に対する限界費用曲線

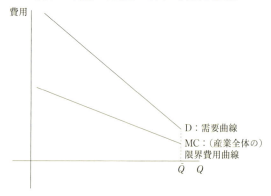

ここで、企業は、各消費者に応じて（例えば、年齢や性別に応じて）、異なった価格は提示することなく、全消費者に対して、一律の価格 p を提示しているものとする。2012年より、EU諸国では、（他の条件が一定にもかかわらず）性別に応じて保険料が異なっているという状況は違法であるとされているが、「情報の非対称性」を前提とした市場を考慮し、市場支配力指数

図6.7 逆淘汰的状態における不完全競争下のデッドウェイト・ロス

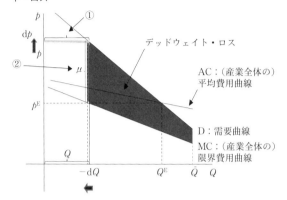

アプローチを適用することで、「情報の非対称性」＋「不完全競争」＋「第3種価格差別」の状況を分析することが可能となるであろう。

さて、図6.7は、この状況における市場価格決定の論理を示している。この場合、需要曲線Dは、Qが0から$\bar{Q}$までの領域において、常に限界費用曲線の上にあるので、消費者全員が保険を消費している状況が社会的に望ましい。しかしながら、完全参入の場合であっても、その時の供給量Q^Eは、社会的に最適な供給量$Q^* = \bar{Q}$よりも過少となっている。この状況は、保険を追加的に供給する際の限界費用が低いという意味での「優秀な」消費者（図6.5、図6.6の横軸の右側の方に位置している）に対しては保険が供給されていないという意味で、「優秀な」個体がむしろ淘汰され、「劣悪な」個体が生き残ってしまうということで、生物学のアナロジーから、伝統的な「情報の経済学」では、「逆淘汰」(adverse selection) と呼ばれてきた現象と対応している。

もしこの状況であれば、政府は民間企業の利潤原理による参入や価格づけに委ねるのではなく、保険産業を「国営化」することによって、消費者全員が遍く消費できるようにする一方で、必然的に生じる赤字については、税収による補填といった「国家権力による強制力」に基づく施策を用いることになる。あるいは、ある程度のイノヴェーションやコスト削減努力を担保するために、「完全国有化」ではなく、何らかの「混合寡占」(mixed oligopoly)

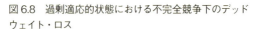

図6.8 過剰適応的状態における不完全競争下のデッドウェイト・ロス

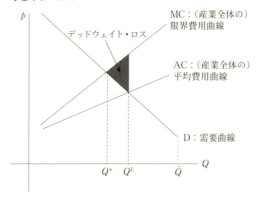

のスキームを考慮することが望ましいという議論もできるであろう。

　他方、従来の「情報の経済学」では等閑視されてきた、「逆淘汰」とは逆の状況、すなわち、「過剰適応」(advantageous selection) とも呼ばれるべき状況についても考えることが可能である。ここでは図6.7が示すように、保険を追加的に供給する際の限界費用が低い個人（横軸の左の方に位置する個人）の方が、保険に対する支払い評価が高いという状況になっており、「あまり事故を起こさないような「慎重な」運転手の方が、（なぜか）保険に対してより多くの価値を抱いている」という様相を描写している。この場合、自由参入の状態においては、その時の供給量 Q^E は、完全競争時のそれである Q^* よりも大きくなっているという意味で（第2章の脚注15で既に触れてある）「過剰参入」となっている。図6.8においては、その下でのデッドウェイト・ロスが示されている。

　この場合は、（ベネヴォラントな）政府は、参入抑制によって、Q^* に近い状況を実現させたいが、政府がこのための適切な情報（そもそも、Q^* を把握するために必要な MC は、企業の保有情報である）を持ち合わせているとは限らない。また別のそもそも論として、政府がベネヴォラントであるという、所謂「ハーヴィー・ロードの前提」(The Harvey Road presumption) に対しても、我々は慎重な態度を示さなければならない。いずれにせよ、公共政策周りについて多岐に亘って吟味するための素材が、市場支配力指数アプ

ローチに基づく「不完全競争の経済学」から示唆されることとなる。これに関係する経済学の一分野として「政治経済学」（Political Economics）があり、浅古（2018）や Merlo（2019）が入門的な解説を与えている。

第IV部

垂直構造と一般均衡への展開

第7章　垂直的取引関係

　今までのように、事業者間の垂直的取引関係を明示的に考慮しない場合、消費者側は、企業によって価格 p が決められたら、それを所与として、需要 $Q(p)$ を決めることが前提とされている。すなわち、市場価格 p と生産・販売量（＝消費量）Q は、需要関数 $Q=Q(p)$ 上で決定されている。これはまた、企業は消費者に対して価格 p で、伸るか反るかの提案（take-it-or-leave-it offer）を提示しているものとも解釈できる。このように、

（1）企業は、全員の消費者に対して等しい小売価格 p を提示し、
（2）消費者はそれを不変の前提として、自らの需要（個々人にとっては買うか買わないかという購買行動だが、「消費者全体」で見れば、どれだけの量を需要するか）を決める

という状況は、多くの市場取引において妥当するものであろう。他方で、これら二つの仮定から逸脱することによって、更により多くの取引状況をも包含できることが期待される。とりわけ、「売り手＝企業、買い手＝消費者」という、物流プロセスの最終段階ではなく、生産者サイドに対して、「上流企業・下流企業」という垂直構造（vertical structure）を見出すことは、「競争政策の基礎としての不完全競争の経済学」の提示を試みる我々としては、重要なる次へのステップである。なぜならば、競争政策上の多くの問題は、企業同士の関係、とりわけ、物流の流れに即した、上流企業と下流企業との関係に関わるものだからである。
　すなわち、垂直構造の文脈で捉えれば、

(1) 上流企業は全ての下流企業に対して等しい卸売価格 w を提示し、
(2) 下流企業はそれを不変の前提として、自らの需要行動（どれだけの中間財を需要するか）を決める

ということになる。しかしながら、我々は、上流企業による伸るか反るかの提案によって下流企業が w を受諾するというのではなく、相対取引交渉のようなメカニズムによって卸売価格 w が決定される様相を可能な限り簡潔に表現したい。

なお、その際、上流企業が生産者であるとして、下流企業が

(a) 下流企業が更なる生産者なのか（この場合、上流企業から購入される財は、中間投入財で、下流企業によって完成させられ、最終完成品として、最終消費者に販売される）、

あるいは、

(b) 小売業者であるのか（ここでは、上流企業は製造業者か卸売業者のいずれか）

の二通りの場合を考慮しなければならない。ここで解釈 (a) は、「工程プロセスは上流企業と下流企業に跨っており、下流企業によって、最終完成品となる」という状況であり、解釈 (b) は、「工程プロセスは上流企業で完結しており、完成品を上流企業が下流企業に売って、下流企業は純然たる小売業者として最終消費者への販売を専業としている」という状況である。ここにおいて両者の本質的な違いは、上流企業が下流企業に売る中間財が、X がその量を表すとして、下流企業における生産という変換プロセスによって、$Q=F(X)$ という最終財の量を示すものとなり、この Q が、最終消費者への供給となる場合、解釈 (b) の場合は、単純に X が Q そのものとなっていることである。

　状況 (a) よりも状況 (b) の方が、余分な変換プロセスを伴っていないので、より簡単である。そこで、以下では、基本的に状況 (b) を念頭に置く。以下では、第 7.2 節において「上流企業と下流企業が卸売価格 w を交渉によ

って決める」という状況を考えるために、まず次の第 7.1 節において、「（上流と下流とに分けられてはいない）企業と消費者が小売価格 p を交渉によって決める」というやや仮想的な状況を記述するモデルを提示することから始めよう。なお、以下では、簡単化のため、上流・下流という二つの層だけを考え、三つ以上の層は考えないものとしたい。

7.1　小売価格 p が企業と消費者による交渉で決まる場合

まず、需要曲線の解釈を限界評価曲線 $p=v(Q)$ に変更する。総生産量が Q である時、図 7.1 は、必ずしも価格 p が $p=v(Q)$ としては決まらない状況を描写している。この時の消費者余剰は

$$\int_0^Q [v(Q')-p]dQ' = U(Q)-pQ$$

であり、また生産者余剰は（固定費用はゼロとして）、

$$\int_0^Q [p-\mathrm{MC}(Q')]dQ' = pQ-C(Q)$$

である（$U(\cdot)$ は消費者の効用を、$C(\cdot)$ は今まで同様、生産費用を表す）。

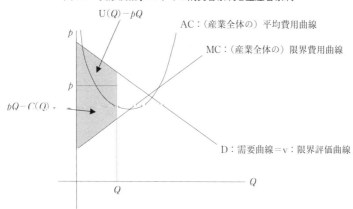

図 7.1　交渉価格 p の下での消費者余剰と生産者余剰

ここで我々は、協力ゲーム理論（cooperative game theory）に基づく交渉理

図 7.2 交渉価格 p^* の決定

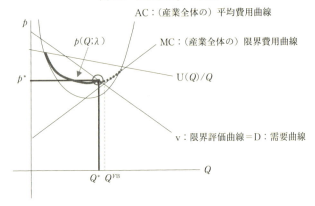

論（bargaining theory）[1]に依拠して、企業と消費者は、ナッシュ積（Nash product）

$$[pQ - C(Q)]^\lambda [U(Q) - pQ]^{1-\lambda}$$

を最大にするように小売価格 p を決めているものと想定する。ここで、$\lambda \in [0, 1]$ は、企業側のナッシュ交渉力ウェイト（Nash bargaining weight）を表している。その結果として p は、各 Q ごとに、

$$p(Q; \lambda) = \lambda \frac{U(Q)}{Q} + (1-\lambda) \frac{C(Q)}{Q} = \lambda \frac{U(Q)}{Q} + (1-\lambda) AC(Q)$$

と求められる（図 7.2）。ここで、Q から生産量が ΔQ だけ上昇した場合、$p >$ MC である限り、企業の限界利潤は正であり、$v > p$ である限り、消費者の限界便益は正である。この図 7.2 の場合は、$p(Q; \lambda)$ が常に MC よりも上に位置しており、$p(Q; \lambda)$ が $v(Q)$ で交わる点で市場価格と生産量が決まる。この場合は、相互交渉を考えなかったケースと同様、価格と生産量のペアは、需要曲線 $Q(p)$ 上にある。

他方、企業側のナッシュ交渉力ウェイト λ が低い場合、図 7.3 のようになっており、価格と生産量のペアは、需要曲線上にはない。価格 p^* は上のケースよりも下がっているが、生産量 Q^* も小さくなっているため、どちらの

---

1) 安達（2022）の第 4 章は、実証研究に関わる論点も含め、交渉理論についての初歩的な解説を与えている。

ケースで消費者余剰が高くなっているかは自明ではない。他方、Q^* は小さくなっているため、企業のナッシュ交渉力ウェイトが小さくなっているこちらのケースの方が社会厚生は小さい（デッドウェイト・ロスは大きい）。

図7.3 交渉価格 p^* の決定（企業側のナッシュ交渉力ウェイト λ が低い場合）

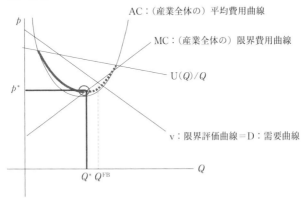

7.2 卸売価格 w が伸るか反るかの提案で決まる場合[2]

それでは次に、上流製造業者と下流小売業者との垂直的関係に当てはめてみるために、垂直関係の設定を導入し、まずは卸売価格 w が上流企業による伸るか反るかの提案によって決まる場合を見て、次の第7.3節において、w が相互交渉によって決まる状況について考える。以下では、図7.4のように物流が形成されているという状況を考えるものとする。ここで下流企業の総費用は、$C^D(Q) = wQ + \hat{C}^D(Q)$ であり、したがって、限界費用は、$MC^D(Q) = w + \widehat{MC}^D(Q)$ となっている（肩の "D" は下流（Downstream）に関してであることを示している）。

まず下流企業による小売価格 p の決定は、図7.5で示されているように、

---

[2] この節は、Adachi（2020）による主要な結果を用いて説明を与えている。

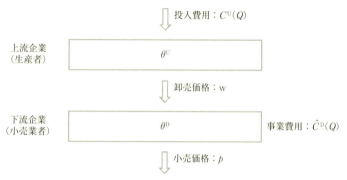

図7.4 取引の垂直構造

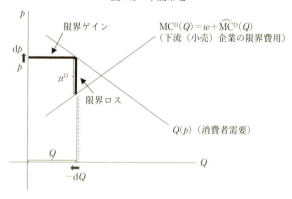

図7.5 下流市場

卸売価格 w を所与として、

$$\underbrace{\theta^{\mathrm{D}} \cdot \mathrm{d}p \cdot Q}_{\text{限界ゲイン}} = \underbrace{\mu^{\mathrm{D}} \cdot (-\mathrm{d}Q)}_{\text{限界ロス}} \tag{7.1}$$

となる。ここで、$\theta^{\mathrm{D}} \in [0, 1]$ は「下流市場における市場支配力指数」であり、$\mu^{\mathrm{D}} \equiv p - w - \widehat{\mathrm{MC}}^{\mathrm{D}}(Q)$ は「下流段階でのマークアップ値」である。したがって、小売価格 $p = p(w; \theta^{\mathrm{D}})$ は、

$$\theta^{\mathrm{D}} Q(p) = \{p - w - \widehat{\mathrm{MC}}^{\mathrm{D}}[Q(p)]\} Q'(p)$$

の解として決められる。この式 (7.1) を書き直すと、$\varepsilon_1^{\mathrm{D}}(p) \equiv -Q'(\mathrm{p})/(Q/p)$ を「下流段階での産業全体の需要の価格弾力性」と定義すれば

第 7 章　垂直的取引関係　　　　　　　　　　　　　　　111

図 7.6　上流市場

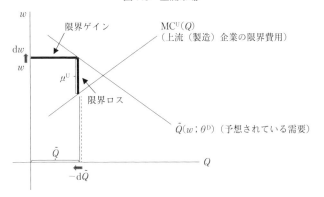

$$\frac{p - w - \widehat{\mathrm{MC}}^{\mathrm{D}}[Q(p)]}{p} = \frac{\theta^{\mathrm{D}}}{\varepsilon_{\mathrm{I}}^{\mathrm{D}}}$$

となり、これは「下流段階でのラーナー公式」と解釈され、更に書き直せば、小売価格 p は、

$$p = \frac{\varepsilon_{\mathrm{I}}^{\mathrm{D}}}{\varepsilon_{\mathrm{I}}^{\mathrm{D}} - \theta^{\mathrm{D}}}(w + \widehat{\mathrm{MC}}^{\mathrm{D}}[Q(p)])$$

を満たすものとして表される。

　このような小売企業の行動を前提とした場合、上流企業が予想する需要は、$\tilde{Q}(w;\theta^{\mathrm{D}}) \equiv Q[p(w;\theta^{\mathrm{D}})]$ のように、自らの設定する卸売価格 w として認知する。上流企業は、卸売価格 w を増加させる時の限界ゲインと限界ロスを等しくさせるように卸売価格 w を決めるので、

$$\underbrace{\theta^{\mathrm{U}} \cdot \mathrm{d}w \cdot \tilde{Q}}_{\text{限界ゲイン}} = \underbrace{\mu^{\mathrm{U}} \cdot (-\mathrm{d}\tilde{Q})}_{\text{限界ロス}} \tag{7.2}$$

となる (図 7.6)。ここで、$\theta^{\mathrm{U}} \in [0, 1]$ は、「上流市場における市場支配力指数」であり、$\mu^{\mathrm{U}} \equiv w - \mathrm{MC}^{\mathrm{U}}(\tilde{Q})$ は、「上流段階でのマークアップ値」である (肩の "U" は上流 (Upstream) に関してであることを示している)。したがって、卸売価格 w は、

$$\theta^{\mathrm{U}} \tilde{Q}(w;\theta^{\mathrm{D}}) = \{w - \mathrm{MC}^{\mathrm{U}}[\tilde{Q}(w;\theta^{\mathrm{D}})]\} \tilde{Q}'(w;\theta^{\mathrm{D}})$$

の解として求められ、その解は、$w^* = w^*(\theta^{\mathrm{U}}, \theta^{\mathrm{D}})$ と書ける。なおここで $\tilde{Q}'(w;\theta^{\mathrm{D}})$ は、

$$\tilde{Q}'(w;\theta^{\mathrm{D}}) = \frac{\mathrm{d}Q(p)}{\mathrm{d}p}\bigg|_{p=p(w;\theta^{\mathrm{D}})} \cdot \frac{\mathrm{d}p(w;\theta^{\mathrm{D}})}{\mathrm{d}w}$$

である。そして均衡小売価格を $p^* = p^*(\theta^{\mathrm{U}}, \theta^{\mathrm{D}}) \equiv p[w^*(\theta^{\mathrm{U}}, \theta^{\mathrm{D}}); \theta^{\mathrm{D}}]$ と表し、均衡販売量を $Q^* = Q^*(\theta^{\mathrm{U}}, \theta^{\mathrm{D}}) \equiv Q[p^*(\theta^{\mathrm{U}}, \theta^{\mathrm{D}})]$ として、更に、「卸売段階でのパス・スルー弾力性」（wholesale pass-through elasticity）を

$$\rho_w \equiv \frac{\mathrm{d}p}{\mathrm{d}w}(w;\theta^{\mathrm{D}})\left(\frac{w}{p}\right)$$

と定義すれば、

式 (7.2) は、

$$\frac{w^* - \mathrm{MC}^{\mathrm{U}}(Q^*)}{w^*} = \frac{\theta^{\mathrm{U}}}{\rho_w \varepsilon_1^{\mathrm{D}}}$$

となり、これは「上流段階でのラーナー公式」と解釈される。更に書き直せば、卸売価格 w^* は、

$$w^* = \frac{\rho_w \varepsilon_1^{\mathrm{D}}}{\rho_w \varepsilon_1^{\mathrm{D}} - \theta^{\mathrm{U}}} \mathrm{MC}^{\mathrm{U}}(Q^*)$$

のように表現される。

7.3　卸売価格 w が上流企業と下流企業による交渉で決まる場合

　それでは、第7.1節で説明したような相互交渉による価格の決定メカニズムを、前節で導入した垂直構造に当てはめて考えよう。図7.7においては、図7.5と同様に小売価格 p 決定の論理を描写しているが、ここで下流小売企業のマージン $\mu^{\mathrm{D}} = p - w - \widehat{\mathrm{MC}^{\mathrm{D}}}$ における w は、下流企業側のナッシュ交渉力ウェイト $\lambda \in [0,1]$ によって決まっている。すなわち、λ が1に近ければ近いほど、マージンは大きくなり、したがって、価格 p を上昇させる時の限界ロスも大きくなる。

　したがって、λ が1より小さくなるほど、価格上昇に伴う限界ロスが小さいことが原因となって、価格が高止まりすることになる。この場合、消費者余剰が小さくなるのは当然であるが、生産者余剰はどうであろうか？　実は、生産者余剰（企業利潤）が最大化されているのが、$\lambda = 1$ の時の価格であっ

図7.7 交渉下における価格上昇に伴う小売利潤の限界ゲイン・限界ロス

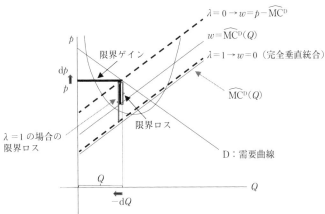

たから、そこから外れている以上、生産者余剰も低くなっていることが分かる。

　これが、二重の限界化（double marginalization）と呼ばれている現象であり、1よりも小さい初期のλを1に近づけようとすることが、垂直統合（vertical integration）による「二重の限界化解消」（elimination of double marginalization）のエッセンスと捉えられる。Spengler（1950）は、これを上流企業と下流企業がそれぞれ独占であるケースを念頭に置いていたが、ここでは、上流企業間、下流企業間で企業は対照的であるとして、企業がそれぞれ独占とは限らないケースを包括している。同時に、従来、垂直統合は、完全統合（perfect integration）の場合、すなわち$\lambda=1$のケースのみが垂直統合として考えられていたが、このフレームワークにおいては、垂直統合とは、λを1に近づけようとする試みそのもののことであり、結果的には$\lambda=1$とはならない、不完全垂直統合（imperfect vertical integration）のケースも扱うことが可能となっている。

　なお、垂直統合は、一般にλの値を1に近づけることであるが、副作用として、下流における市場支配力指数θ^Dを高めてしまう（1に近づけてしまう）かもしれない。その場合は、λの上昇による、直接的な価格低下効果と、θ^Dの上昇に伴う、間接的な価格高止まり効果とが相反して働いている。

114　　第IV部　垂直構造と一般均衡への展開

このようにして、市場支配力指数アプローチによって、垂直的統合に伴う「競争促進効果」（pro-competitive effects）と「競争抑制効果」（anti-competitive effects）から生じる帰結的側面に焦点を当てることが可能となる。

7.4　小売市場における拮抗力[3]

　なお、以上の議論は、Galbraith（1952）が最初に唱えた「拮抗力仮説」（Countervailing Power Hypothesis）にも応用できるであろう[4]。すなわち、下流側の企業の水平的合併によって、

① λ は上昇するかもしれないが、
② 同時に、θ^D も上昇してしまうかもしれない

ということで、競争促進効果と競争抑制効果の双方を、我々の簡潔な枠組みで捉えることが可能である[5]。

　そこで本節では、Gaudin（2016）のような N 社の対称的製造業者（上流）と M 社の対称的小売業者（下流）間の垂直的関係を描写する扱いやすいモデルを考えることによって、Galbraith（1952）が唱えた小売業者による対抗力について、（i）統合の結果としての小売業者数の減少と、（ii）小売業者の交渉力の増加の双方を捉えることで分析を行う。市場支配力指数アプローチを用いて小売セクターの不完全競争をモデル化することで、小売セクターの行動への影響を考察する。Galbraith（1952, p. 123）（邦訳 p. 153）は、「買い手

3）　本節の記述は、Adachi, Takanori, "Galbraith Meets Weyl and Fabinger: Countervailing Power and Imperfect Competition in the Retail Market,"『経済科学』（名古屋大学）, 68（1），39–45（2020 年 6 月）に基づいている。本書での活用をお認めいただいた『経済科学』（名古屋大学）編集委員会に感謝したい。

4）　なお伊東（2016, p. 83）は、ガルブレイスの「拮抗力仮説」誕生の背景を以下のように描写している：「ガルブレイスが見たものは、流通の末端に生まれた大規模な販売組織である。スーパーマーケット、チェーン・ストア、通信販売会社が、大量仕入れ、大量販売を武器に、寡占化した生産企業の超過利益に介入し、安売りを試みる姿である。…（中略）…こうして、流通末端に消費者の利益を生む小売組織が生まれだし、これが大量生産の利益の上に成立してくる少数大企業に対する流通組織の成立となり、競争とともに市場調整メカニズムとして登場した—これをガルブレイスは「拮抗力」（あるいは「対抗力」）と名づけたのである。」

5）　実証的に、垂直的取引関係の文脈における「拮抗力仮説」を検討している研究として、Hayashida（2020）や Bonnet, Bouamra-Mechemache, and Molina（2025）がある。

側の力」（buyer power）が上流企業による価格上昇圧力（UPP）に対抗しうることを指摘しており、それは「大規模小売業者と購入先企業との関係（the relation of the large retailer to the firms from which it buys）」に見出すことができるとする。以下では、小売価格と卸売価格の対称均衡に注目し、拮抗力が生まれる要因と考える小売業者の減少が生じたとしても、産業での反競争的行為（conduct）の可能性を考慮すれば、小売価格は必ずしも低下しないことを示す。

垂直関係の交渉モデル

生産限界費用が一定で $c+\kappa^{\mathrm{U}}\geq0$ と仮定される $N\geq1$ 個の水平的に差別化された対称的な上流企業（生産者）が存在するとする。また、対称的な下流企業（小売業者）が $M\geq1$ 社存在し、各小売業者 $i\in M\equiv\{1, 2, \cdots, M\}$ は N 社の上流企業と取引する。各生産者は1種類の製品を生産し、それぞれの製品について、各小売業者は、消費者に対する最終市場で定数である販売限界費用 $\kappa^{\mathrm{D}}\geq0$ を負担する。製品 ij（ブランド $j\in N\equiv\{1, 2, \cdots, N\}$ は小売業者 i によって販売される）の需要は $s_{ij}(\mathbf{P})$ である。ここで

$$\mathbf{P}=\begin{pmatrix} p_{11} & p_{12} & \cdots & p_{1N} \\ p_{21} & \ddots & & \vdots \\ \vdots & & \ddots & \vdots \\ p_{M1} & \cdots & \cdots & p_{MN} \end{pmatrix}$$

である。各小売業者 i は、生産者 j に単価 w_{ij} を支払う。したがって、その総利潤は $\Pi_i^{\mathrm{D}}\equiv\sum_{j\in N}(p_{ij}-w_{ij}-\kappa^{\mathrm{D}})s_{ij}(\mathbf{P})$ である。同様に、各生産者 j の利益は、$\pi_j^{\mathrm{U}}\equiv\sum_{j\in N}(j\in N)\ (w_{ij}-c-\kappa^{\mathrm{U}})s_{ij}(\mathbf{P})$ で与えられる。

以下の分析では、対称均衡価格 p と w に注目し、p（$M\times N$ 個の財の対称価格）に対応する財1個当たりの市場需要を $s(p)$ とする、すなわち、$s(p)\equiv s_{ij}(p, \cdots, p)$ である。卸売価格と最終価格の組 $\{w, p\}$ は同時に決定される。これは、Draganska, Klapper, and Villas-Boas（2010）、Meza and Sudhir（2010）、Grennan（2013, 2014）、Gowrisankaran, Nevo, and Town（2015）、Ho and Lee（2017）、Crawford, Lee, Whinston, and Yurukoglu（2018）、Hayashida（2020）、De los Santos, O'Brien, and Wildenbeest（2024）などのような垂直的関係におけ

る交渉の実証研究における標準的な仮定である[6]。

そして、もう一つの簡単化の仮定として、各交渉は、生産者からのM人の代表者1人と小売業者からのN人の代表者1人との間で行われ、各交渉は他の代表者たちからは観察不可能であるとする。更に、ある交渉過程にいるプレーヤーが均衡外の価格提示を観察したとしても、そのプレーヤーは、この交渉過程の外のプレーヤーは（交渉と価格決定において）均衡をプレーするという信念を保持するという意味で、プレーヤーが「受動的信念」を保持していることも仮定する（Katz and Shapiro 1985; McAfee and Schwartz 1994）。

ナッシュ協力交渉

これらの仮定の下で、w_{ij}をめぐる交渉過程に焦点を当てる。対称均衡$\{w, p\}$がプレーされるというプレーヤーの信念があれば、それはナッシュ積$[\Delta\Pi_{ij}^{\mathrm{D}}]^{\lambda}[\Delta\pi_{ij}^{\mathrm{U}}]^{1-\lambda}$を$w_{ij}$に関して最大化することによって決定される。ここで、$\lambda\in(0, 1]$は小売業者のナッシュ交渉ウェイトであり、

$$\begin{cases} \Delta\Pi_{ij}^{\mathrm{D}} \equiv (p-w_{ij}-\kappa^{\mathrm{D}})s(p)-(N-1)(p-w-\kappa^{\mathrm{D}})\Delta s(p) \\ \Delta\pi_{ij}^{\mathrm{U}} \equiv (w_{ij}-c-\kappa^{\mathrm{U}})s(p)-(M-1)(w-c-\kappa^{\mathrm{U}})\Delta s(p) \end{cases}$$

で与えられている。そして、$\tilde{s}(p)$は交渉不成立の場合に製品ijを取り除いた場合の財$(ij)'\neq ij$の市場シェアとして、$\Delta s(p)\equiv\tilde{s}(p)-s(p)>0$は市場シェアの差分である。なお、仮定として、$s(p)$は連続微分可能であり、$p$に関して厳密に増加し（$\Delta s'>0$）、財の除去に伴う市場シェアの増加は、価格が高いほど大きくなるとする。また、$\Delta s(p)$は任意の$p\geq 0$に対して、MとNに関して厳密に減少すると考えるのが自然であろう。すなわち、当事者の数が多ければ多いほど、不成立の場合の取り分の増加は少なくなる。

ここでは、λは垂直統合の度合いと解釈される。λが1に近づくにつれて、垂直構造は垂直統合の完全な形（すなわち完全統合）に近づいていく[7]。共

---

6) Collard-Wexler, Gowrisankaran, and Lee（2019）は、Nash（1950）のモデリングに非協力ゲーム的な基礎づけを与えている。価格改定の頻度が卸売価格と小売価格で同程度であれば、このタイミングの仮定は不自然なものではない。そうでなければ、Crawford and Yurukoglu（2012）やBonnet, Bouamra-Mechemache, and Molina（2025）のように、卸売価格が決定された後に小売価格が決定されると仮定する方が自然である。それにもかかわらず、この仮定は計算負担の軽減のために実証研究で多く用いられている。それ以外のタイミングの仮定や情報構造に関しては、Iozzi and Valletti（2014）を参照せよ。

7) もう一つの解釈は、Muthoo（1999, p. 35）に従って、λは「交渉者が採用する戦術、交渉が行われる手

同余剰の観点からは、上流企業が完全な交渉力を持つ場合（$\lambda=0$）は、$\lambda=1$ の場合と等価である。しかし、余剰の最終的発生元は最終消費者であるために、彼らと対する下流企業が利益を得られないという、この状態は除外して考えなければならない。

ここで、交渉不成立の場合、小売価格は再度最適化されず——これも既存研究において標準的な仮定である——したがって、消費者は各財について（除去された財 ij を除いて）依然として同じ価格 p に直面していることに留意されたい。そして、対称均衡では、$\Delta\Pi_{ij}^{\mathrm{D}}$ は、$(p-w-\kappa^{\mathrm{D}})[s(p)-(N-1)\Delta s(p)]$ に等しいことに注意したい。この式は、小売業者にとって、上流企業をもう1社追加する（すなわち、$(N-1)$ 社ではなく N 社と取引する）ことによる追加的な利潤利得が、単位マージン（$p-w_{\mathrm{j}}-\kappa^{\mathrm{D}}$）を乗じた単位 $s(p)$ の増加によってもたらされることを示している。しかし、上流企業が1社加わることで、他の（$N-1$）社の生産量は減少する。この負の効果は、$(N-1)s(p)$ という項によって捉えられている。同じ考え方が $\Delta\pi_{ij}^{\mathrm{U}}\equiv(w-c-\kappa^{\mathrm{U}})[s(p)-(M-1)\Delta s(p)]$ にも当てはまる[8]。とすると、ナッシュ積の最大化は積の最大化は

$$\lambda\Delta\pi_{ij}^{\mathrm{U}}=(1-\lambda)\Delta\Pi_{ij}^{\mathrm{D}}$$

を意味する。

ここで、不完全競争の程度を考えるために、下流における市場支配力指数 $\theta^{\mathrm{D}}\in[0,1]$ を導入する。すなわち、$\theta^{\mathrm{D}}=0$ は完全競争、$\theta^{\mathrm{D}}=1$ は独占的小売業者が1社しかないことを示す。また、産業における需要の価格弾力性は $\varepsilon_{\mathrm{I}}(p)\equiv-ps'(p)/s(p)$ であるが、ここで、任意の i と j に対して、全ての $k\neq i$ と $l\neq j$ に対して

$$s'(p)\equiv\frac{\partial s_{ij}}{\partial p_{ij}}+(MN-1)\frac{\partial s_{ij}}{\partial p_{kl}}$$

順、情報構造、割引率などの要因」とするものである。

8) なお、$\Delta s(p)$ に対しては追加的な制約が置かれている。すなわち、$\Delta\Pi_{ij}^{\mathrm{D}}$ と $\Delta\pi_{ij}^{\mathrm{U}}$ が常に正であることを保証するために、任意の $p\geq0$、$M\geq1$ と $N\geq1$ に対して

$$\Delta s(p)<\min\left\{\frac{\bar{s}(p)}{M'},\frac{s(p)}{M-1},\frac{\bar{s}(p)}{N},\frac{s(p)}{N-1}\right\}$$

とする。

図7.8 対称性の下での、N 社の差別化された生産者と M 社の差別化された小売業者による垂直構造

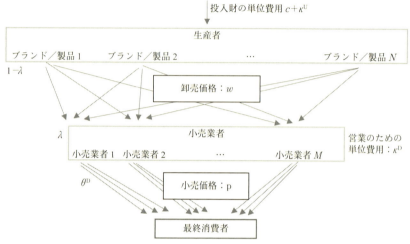

注：$\lambda \in [0,1]$ は小売業者のナッシュ交渉ウェイトであり、$\theta^D \in [0,1]$ は小売市場における下流の市場支配力指数である。

とできる。すると均衡のペア $\{w, p\}$ は、
$$\begin{cases} \theta^D p - (p - w - \kappa^D)\varepsilon_I(p) = 0 \\ \lambda(w_{ij} - c - \kappa^U)[s(p) - (M-1)\Delta s(p)] - (1-\lambda)(p - w - \kappa^D)[s(p) - (N-1)\Delta s(p)] = 0 \end{cases}$$
を満たす。

基本的に、上述の単純化された仮定により、p の w への依存性を考慮する必要はない。図7.8は、対称性の仮定の下での垂直構造を示している。ここで、ホームズ分解（第2章の脚注4参照）から、対称的価格設定の下では、産業における価格弾力性は、企業自身の価格弾力性から交差価格弾力性を差し引いたものに等しい、すなわち、$\varepsilon_I(p) = \varepsilon_{\text{own}}(p) - \varepsilon_{\text{cross}}(p)$ である、ここで、任意の異なるペア ij と $(ij)'$ に対して、

$$\varepsilon_{\text{own}}(p) \equiv -\left(\frac{p}{s(p)}\right)\frac{\partial s_{ij}(\mathbf{p})}{\partial p_{ij}}\bigg|_{\mathbf{p}=(p,\ldots,p)}$$

そして

$$\varepsilon_{\text{cross}}(p) \equiv (MN-1)\left(\frac{p}{s(p)}\right)\frac{\partial s_{(ij)'}(\mathbf{p})}{\partial p_{ij}}\bigg|_{\mathbf{p}=(p,\ldots,p)}$$

で定義されている。

分　析

更に分析を進めるためには、対称性の下での需要の超弾力性を、「弾力性の弾力性」に相当する $\psi(p) \equiv [p/\varepsilon(p)]\varepsilon'(p)$ で定義することが有用である（Kimball 1995; Ritz 2024）。なお、ψ は 1 以上であると仮定する。これは需要の対数凹性（p. 25 参照）と同値である。

ここで、

$$
\begin{cases}
F(p,w) \equiv \theta^{\mathrm{D}} p - (p - w - \kappa^{\mathrm{D}})\varepsilon_I(p) \\
G(p,w;\lambda,c,M) \equiv \lambda \cdot (w - c - \kappa^{\mathrm{U}})[s(p) - (M-1)\Delta s(p)] \\
\qquad\qquad\qquad - (1-\lambda)(p - w - \kappa^{\mathrm{D}})[s(p) - (N-1)\Delta s(p)]
\end{cases}
$$

と定義する。次に、(i) 費用パス・スルー（c の変化）、(ii) 合併による下流企業数 M の減少、という 2 つのパラメータ変化に伴う均衡価格の変化を分析する。より正確には、

$$
\underbrace{\begin{pmatrix} \dfrac{\partial F}{\partial p} & \dfrac{\partial F}{\partial w} \\[2mm] \dfrac{\partial G}{\partial p} & \dfrac{\partial G}{\partial w} \end{pmatrix}}_{\equiv H} \begin{pmatrix} \dfrac{\partial p}{\partial k} \\[2mm] \dfrac{\partial w}{\partial k} \end{pmatrix} = - \begin{pmatrix} \dfrac{\partial F}{\partial k} \\[2mm] \dfrac{\partial G}{\partial k} \end{pmatrix}
$$

$$
\Leftrightarrow \begin{pmatrix} \dfrac{\partial p}{\partial k} \\[2mm] \dfrac{\partial w}{\partial k} \end{pmatrix} = - \frac{1}{\underbrace{\det(H)}_{>0}} \begin{pmatrix} \dfrac{\partial G}{\partial w} & -\dfrac{\partial F}{\partial w} \\[2mm] -\dfrac{\partial G}{\partial p} & \dfrac{\partial F}{\partial p} \end{pmatrix} \begin{pmatrix} \dfrac{\partial F}{\partial k} \\[2mm] \dfrac{\partial G}{\partial k} \end{pmatrix} \tag{7.3}
$$

という線形近似に基づいた分析を提示する。ここで、$k \in \{c, M\}$ は、注目する外生変数であり、以下の付録 1 で説明されているように、行列式である

$$
\det(H) = \left(\frac{\partial F}{\partial p}\right)\left(\frac{\partial G}{\partial w}\right) - \left(\frac{\partial F}{\partial w}\right)\left(\frac{\partial G}{\partial p}\right)
$$

は負と仮定するのが妥当であろう。特に、以下の命題で使われる、$\partial G/\partial w > 0$ と $\partial G/\partial p > 0$ の条件に関わっている。より簡単な表記のために、

$$
\Xi \equiv -\frac{1}{\det(H)} > 0
$$

120   第IV部　垂直構造と一般均衡への展開

を定義する。

費用パス・スルー

　以上のフレームワークにおいて、費用パス・スルー弾力性に関して、以下の命題が得られる。

命題7.1　垂直統合度が $\lambda \in (0, 1]$ の垂直構造における費用パス・スルー弾力性は、次式で与えられる。

$$\frac{\partial p}{\partial c}\frac{c}{p} = \Xi \cdot \frac{\lambda \varepsilon_1 \cdot [s - (M-1)\Delta s]c}{p} > 0$$

証明

　式（7.3）に $\partial F/\partial c = 0$ と $\partial G/\partial c = -\lambda \cdot [s - (M-1)\Delta s]$ を代入することによって、ここでの結果が得られる。■

　以下の付録2では、垂直統合の度合いが高まるにつれて費用パス・スルー値が増加する場合、すなわち、

$$\frac{\partial(\partial p/\partial c)}{\partial \lambda} > 0$$

の条件を検討している。

ガルブレイスの拮抗力

　最後に、次の命題は、Galbraith（1952）の議論を精緻化するために、小売部門における合併が、消費者の最終価格にどのような影響を与えるかについて示している。ここでは、合併が、ある種の共謀的価格設定を誘発することによって価格競争を緩和する可能性を考慮に入れる。具体的には、市場支配力指数 θ^{D} が M で減少する、すなわち

$$\frac{\partial \theta^{\mathrm{D}}}{\partial M} < 0$$

と仮定する。

命題 7.2 合併パス・スルーと卸売価格の対応関係は

$$\frac{\partial p}{\partial M} = \Xi \cdot \left\{ \underbrace{\frac{\partial G}{\partial w} \cdot \frac{\partial \theta^{\mathrm{D}}}{\partial M} \cdot p}_{<0} + \underbrace{\lambda \varepsilon_1 \cdot (w - c - \kappa^{\mathrm{U}}) \Delta s}_{>0} \right\}$$

と

$$\frac{\partial w}{\partial M} = \Xi \cdot \left\{ \underbrace{-\frac{\partial G}{\partial p} \cdot \frac{\partial \theta^{\mathrm{D}}}{\partial M}}_{>0} + \underbrace{[\theta^{\mathrm{D}}(\psi - 1) + \varepsilon_1] \lambda \cdot (w - c - \kappa^{\mathrm{U}}) \Delta s}_{>0} \right\}$$

で与えられる。

証明

$\partial F/\partial M = (\partial \theta^{\mathrm{D}}/\partial M) p$ と $\partial G/\partial M = -\lambda(w - c - \kappa^{\mathrm{U}}) \Delta s$ を式 (7.3) に代入することで、ここでの結果が得られる。■

この結果は、小売業者の数が減少するほど卸売価格は低下する（すなわち、$\partial w/\partial M > 0$）が、もし $|\partial \theta^{\mathrm{D}}/\partial M|$ が十分に大きければ、小売価格は上昇し、消費者余剰に弊害を与える可能性があることを示している。言い換えれば、小売部門の合併が無視できない程度に共謀的価格設定を誘発するならば、それは拮抗力に対しての別の拮抗効果をもたらすのであって、このようにして、Galbraith（1952）の議論が修正されるのである。ここで見たように、市場支配力指数アプローチは、交渉を伴う垂直的構造においても、このような結果を簡便な方法で導出することを可能にしている。

付録 1　行列 H の行列式の符号の決定

$$\begin{cases} F(p, w) \equiv \theta^{\mathrm{D}} p - (p - w - \kappa^{\mathrm{D}}) \varepsilon_1(p) \\ G(p, w; \lambda, c, M) \equiv \lambda(w - c - \kappa^{\mathrm{U}})[s(p) - (N-1)\Delta s(p)] \end{cases}$$

とすると、

$$\frac{\partial F}{\partial p} = \theta^{\mathrm{D}} - \varepsilon_1 - (p - w - \kappa^{\mathrm{D}})\varepsilon_1'$$

$$= \theta^{\mathrm{D}} - \varepsilon_1 - \theta^{D}\frac{p}{\varepsilon_1}\varepsilon_1'$$

$$= -\Big[\theta^{\mathrm{D}}\underbrace{(\psi - 1)}_{\geq 0} + \varepsilon_1\Big] < 0$$

であり、そして

$$\frac{\partial F}{\partial w} = \varepsilon_1 > 0$$

が言え、更に、

$$\frac{\partial G}{\partial p} = \lambda(w - c - \kappa^{\mathrm{U}})[s' - (M - 1)\Delta s']$$
$$\quad - (1 - \lambda)\{(p - w - \kappa^{\mathrm{D}})[s' - (N - 1)\Delta s'] + [s - (N - 1)\Delta s]\}$$

$$= \lambda(w - c - \kappa^{\mathrm{U}})[s' - (M - 1)\Delta s']$$
$$\quad - (1 - \lambda)\frac{p\theta^{D}}{\varepsilon_1}\Big\{[s' - (N - 1)\Delta s'] - \lambda(w - c^{\mathrm{U}})\frac{\varepsilon_1}{p\theta^{\mathrm{D}}}[s - (N - 1)\Delta s]\Big\}$$

$$= \lambda(w - c - \kappa^{\mathrm{U}})\underbrace{\Big\{\underbrace{[s' - (M - 1)\Delta s']}_{<0} - \frac{\varepsilon_1}{p\theta^{\mathrm{D}}}[s - (N - 1)\Delta s]\Big\}}_{<0}$$

$$\underbrace{\quad - (1 - \lambda)\frac{p\theta^{\mathrm{D}}}{\varepsilon_1}\underbrace{[s' - (N - 1)\Delta s']}_{<0}}_{>0}$$

が示され、そして

$$\frac{\partial G}{\partial w} = s - \underbrace{[\lambda M + (1 - \lambda)N - 1]\Delta s}_{>0}$$

である。

M または N が増加するにつれて Δs は減少するので、$\partial G/\partial w > 0$ と仮定することは自然である。すると、行列 H の行列式

$$\det(H) = \underbrace{\Big(\frac{\partial F}{\partial p}\Big)}_{<0}\underbrace{\Big(\frac{\partial G}{\partial w}\Big)}_{>0} - \underbrace{\Big(\frac{\partial F}{\partial w}\Big)}_{>0}\underbrace{\Big(\frac{\partial G}{\partial p}\Big)}$$

における 3 つの項の符号が決定される。ここで、$\det(H)$ が負であるために

第 7 章 垂直的取引関係 123

は、$\partial G/\partial p > 0$ と仮定すれば十分である。すなわち、

$$(1-\lambda)\frac{p\theta^{\mathrm{D}}}{\varepsilon_{\mathrm{I}}}\{-[s'-(N-1)\Delta s']\} > \lambda(w-c^{\mathrm{U}})\left\{\frac{\varepsilon_{\mathrm{I}}}{p\theta^{\mathrm{D}}}[s-(N-1)\Delta s]-[s'-(N-1)\Delta s']\right\}$$

となる。この仮定は妥当なものと考えられなければならない。なぜならば、もしそうでなければ、費用パス・スルーは負の値を取り得ることになるからである。

付録 2　$\partial(\partial p/\partial c)/\partial\lambda$ の導出

まず、以下の補題は、合併（すなわち M の減少）とは別に、買い手の拮抗力の増加が最終価格にどのような影響を与えるかを示している。

補題　ナッシュ交渉ウェイトのパス・スルーは負であり、その式は

$$\frac{\partial p}{\partial\lambda}=-\Xi\cdot\{\varepsilon_{\mathrm{I}}\cdot(w-c-\kappa^{\mathrm{U}})[s-(M-1)\Delta s]+\theta^{\mathrm{D}}p\cdot[s-(N-1)\Delta s]\}<0$$

で与えられる。

証明

$$\frac{\partial G}{\partial\lambda}=(w-c-\kappa^{\mathrm{U}})[s-(M-1)\Delta s]+(p-w-\kappa^{\mathrm{D}})[s-(N-1)\Delta s]$$

を本文中の式（7.3）に代入することで、上の結果が得られる。∎

以下では、肩の添え字「′」は、λ に対する微分を示す。まず、

$$\frac{\partial(\partial p/\partial c)}{\partial\lambda}=\Xi'\times\underbrace{\{\lambda\varepsilon_{\mathrm{I}}[s-(M-1)]\Delta s\}}_{>0}$$
$$+\underbrace{\Xi}_{>0}\times\{\lambda\varepsilon_{\mathrm{I}}\cdot[s-(M-1)]\Delta s\}'$$

である。ここで、

$$\Xi'=\frac{\partial\det(H)/\partial\lambda}{[\det(H)]^{2}}$$

となっており、そして

$$\frac{\partial \det(H)}{\partial \lambda} = \left(\frac{\partial F}{\partial p}\right)' \underbrace{\left(\frac{\partial G}{\partial w}\right)}_{>0} + \underbrace{\left(\frac{\partial F}{\partial p}\right)}_{<0} \left(\frac{\partial G}{\partial w}\right)'$$

$$- \left\{ \underbrace{\left(\frac{\partial F}{\partial p}\right)'}_{<0} \underbrace{\left(\frac{\partial G}{\partial p}\right)}_{>0} + \underbrace{\left(\frac{\partial F}{\partial w}\right)}_{>0} \left(\frac{\partial G}{\partial p}\right)' \right\}$$

であるが、$\varepsilon' > \varepsilon/p > 0$ であるので、

$$\left(\frac{\partial F}{\partial w}\right)' = \underbrace{\varepsilon_1'}_{>0} \cdot \underbrace{\frac{\partial p}{\partial \lambda}}_{<0} < 0$$

であることが分かる。

　ここで、垂直統合の度合いが高まるにつれて、費用パス・スルーも高まることが予想される。すなわち、

$$\frac{\partial(\partial p/\partial c)}{\partial \lambda} > 0$$

である。これが成立する条件を考えるためには、まず以下に注意する。

$$\left(\frac{\partial F}{\partial p}\right)' = -\left(\theta^{\mathrm{D}} \frac{\partial \psi}{\partial p} + \underbrace{\varepsilon_1'}_{>0}\right) \underbrace{\frac{\partial p}{\partial \lambda}}_{<0} \tag{7.4}$$

$$\left(\frac{\partial G}{\partial w}\right)' = \underbrace{\{s' - [\lambda M + (1-\lambda)N - 1]\Delta s'\}}_{<0} \underbrace{\frac{\partial p}{\partial \lambda}}_{<0} - (M-N)\Delta s \tag{7.5}$$

$$
\left(\frac{\partial G}{\partial p}\right)' = (w - c - \kappa^{\mathrm{U}}) \underbrace{\left\{ \underbrace{[s' - (M-1)\Delta s']}_{<0} - \frac{\varepsilon_{\mathrm{I}}}{p\theta^{\mathrm{D}}} \underbrace{[s - (N-1)\Delta s]}_{} \right\}}_{<0}
$$

$$
+ \lambda (w - c - \kappa^{\mathrm{U}}) \left\{ \underbrace{\underbrace{[s'' - (M-1)\Delta s'']}_{<0} \underbrace{\frac{\partial p}{\partial \lambda}}_{<0}}_{>0} \right.
$$

$$
\underbrace{- \frac{\varepsilon_{\mathrm{I}}}{p\theta^{\mathrm{D}}} \underbrace{\left(\psi - \frac{\partial p}{\partial \lambda}\right)}_{>0} \underbrace{[s - (N-1)\Delta s]}_{>0}}_{<0}
$$

$$
\underbrace{- \frac{\varepsilon_{\mathrm{I}}}{p\theta^{\mathrm{D}}} \underbrace{[s' - (N-1)\Delta s']}_{<0} \underbrace{\frac{\partial p}{\partial \lambda}}_{<0}}_{<0} \left. \right\} \tag{7.6}
$$

$$
+ \underbrace{\frac{p\theta^{\mathrm{D}}}{\varepsilon_{\mathrm{I}}}[s' - (N-1)\Delta s']}_{<0}
$$

$$
- (1 - \lambda) \left\{ \underbrace{- \frac{\theta^{\mathrm{D}}}{\varepsilon_{\mathrm{I}}}\left(\psi + \frac{\partial p}{\partial \lambda}\right)[s' - (N-1)\Delta s']}_{>0} \right.
$$

$$
\left. + \underbrace{\frac{p\theta^{\mathrm{D}}}{\varepsilon_{\mathrm{I}}}[s'' - (N-1)\Delta s'']\frac{\partial p}{\partial \lambda}}_{>0} \right\}
$$

ここで、$(\partial G/\partial w)'$ は、小売業者の数 (M) が生産者の数 (N) に比べて十分に大きい場合には負となる（式 7.5）。同様に、$\partial\psi/\partial p$ が十分に大きく $\partial\psi/\partial p > -\varepsilon_{\mathrm{I}}'/\theta^{\mathrm{D}}$ であれば、$(\partial F/\partial p)' > 0$ となる（式 7.4）。また、$[s'' - (M-1)\Delta s''](\partial p/\partial\lambda) > 0$ が十分に小さければ、$(\partial G/\partial p)' < 0$ となる（式 7.6）。これらの条件が満たされれば、$\partial \det(H)/\partial\lambda$ は正となる。

　最後に

$$\{\lambda\varepsilon_1 \cdot [s-(M-1)\Delta s]\}' = \frac{\varepsilon_1}{p} \cdot \left(p + \lambda\psi \underbrace{\frac{\partial p}{\partial \lambda}}_{<0}\right)\underbrace{[s-(N-1)\Delta s]}_{>0}$$

$$+ \lambda\varepsilon_1 \cdot \underbrace{\underbrace{[s'-(M-1)\Delta s']}_{<0} \underbrace{\frac{\partial p}{\partial \lambda}}_{<0}}_{>0}$$

である。よって、$|\partial p/\partial\lambda| < p/(\lambda\psi)$ のとき、$\{\lambda\varepsilon_1 \cdot [s-(M-1)\Delta s]\}'$ の符号は正である。ここまでの議論をまとめると、以上のような合理的な条件下で $\partial(\partial p/\partial c)/\partial\lambda$ が正の値をとることが検証される。

7.5 共通小売チャネルのナッシュ交渉解における価格弾力性とパス・スルー[9]

　垂直的関係では、小売業者は通常、競合ブランドを販売する多財販売企業である（Choi 1991, 1996）。本節では、このような小売業者が存在する流通経路におけるナッシュ交渉解（Nash 1950）の特性を考える。まず、上流と下流の利益配分の決定における価格弾力性の役割を分析する。その結果、ナッシュ交渉ウェイトを固定したまま、市場需要の価格弾力性が低くなると、共通小売業者の利益分配率が低くなることが示される。これは、需要が弾力的でない場合、上流企業は交渉プロセスを通じ、売上減少による損失が少ないがため、積極的に高い卸売価格を提示することができるからである。

　第二に、上流企業の費用上昇は、共通小売業者によって部分的に吸収され、それがどの程度吸収されるかは、需要の曲率によって決まることを示す。市場需要が「非常に凸」であれば、上流と下流の交渉ウェイトの違いにかかわらず、卸売レヴェルでのパス・スルーは、最終価格にほぼ転嫁されることが示される。このようにして、流通チャネルにおけるナッシュ交渉解を特徴づける上で、1次と2次の需要特性が重要であることが論じられる。

　なお、同様に、Aghadadashli, Dertwinkel-Kalt, and Wey（2016）は、1社の上

9）　本節の記述は、Adachi, Takanori, "Price Elasticity and Pass-Through in the Nash Bargaining Solution in a Common-Retailer Channel," *Kyoto Economic Review/Keizai Ronso*（Kyoto University）, 197 (1), 1–10（2023 年 2 月）に基づいている。本書での活用をお認めいただいた京都大学経済学会委員会に感謝したい。

流企業と N 社の下流企業が、中間財価格をめぐって交渉がされ、数量競争によって生産物が最終消費者に販売されるモデルを分析し、下流企業の需要が弾力的でなくなる場合、他の条件を一定として、上流独占企業が中間財の価格交渉から、より高い利益を獲得することを示している。垂直構造や下流競争の様態の違いはあるものの、Aghadadashli, Dertwinkel-Kalt, and Wey (2016) のモデルと、本節における下流企業 1 社・上流企業 N 社のモデルは同様の直観を有している。

モデル

まず、上流企業(生産者)の数が $N \geq 1$ であり、それらは対称的に水平差別化されていると仮定する。各生産者は単一財企業で、その限界生産費用は一定であり、$c^U \geq 0$ で与えられている。しかし、地理的市場において独占的な下流企業(共通小売業者)は、これら上流企業の N 個の財と取引するという意味で、多財企業である。そして、各財の限界販売費用は一定であり、$c^D \geq 0$ とする。

共通小売業者は、価格 $\mathbf{p} = (p_1, p_2, \cdots, p_N)$ を選択することによって、生産者の財を最終市場に販売する。そして、製品 $j \in \mathcal{N} \equiv \{1, 2, \cdots, N\}$ の需要(市場占有率)は、$s_j = s_j(\mathbf{p})$ と書かれる。共通小売業者は製造業者 j に対して単価 w_j を支払うので、共通小売業者の総利潤は、$\Pi_j^D \equiv (p_j - w_j - c^D)s_j(\mathbf{p})$ として、$\Pi^D \equiv \sum_{j \in \mathcal{N}} \Pi_j^D$ と書かれる。ここで、p_j の一階条件は

$$s_j(p) + (p_j - w_j - c^D)\frac{\partial s_j}{\partial p_j} + \sum_{l \neq j}(p_l - w_l - c^D)\frac{\partial s_l}{\partial p_j} = 0 \qquad (7.7)$$

で与えられることになる。

他方、各生産者が最終市場に直接製品を流通させることができる場合には、生産者 j の利潤は $\hat{\pi}_j^U \equiv (p_j - c^U - c^D)s_j(\mathbf{p})$ となり、p_j の一階条件は

$$s_j(\mathbf{p}) + (p_j - c^U - c^D)\frac{\partial s_j}{\partial p_j} = 0$$

で与えられる。したがって、$w_j \geq c^U$ とすると、$l \neq j$ に対して $\partial s_l / \partial p_j > 0$ で、$\partial s_j / \partial p_j < 0$ なので、

$$\sum_{l \neq j}(p_l - w_j - c^{\mathrm{D}})\frac{\partial s_j}{\partial p_j} > (w_j - c^{\mathrm{U}})\frac{\partial s_j}{\partial p_j}$$

となる。以下の分析では、対称均衡価格 p と w に注目し、p に対応する一財当たりの市場需要を $s(p)$ とする。すなわち、$s(p) \equiv s_j(p, ..., p)$ である。すると、流通経路における均衡小売価格 $p^* = p(w)$ は、そのような流通経路がない場合の均衡価格 p^0 よりも高くなる。これは、独占的小売業者が、p_j を変化させることが、自己の需要 s_j だけでなく、他の商品の需要 s_l にも及ぼす影響を内部化するからである。

Aghadadashli, Dertwinkel-Kalt, and Wey（2016）や他の多くの研究に沿って、N 人の「代表者」が共通小売業者から派遣され、その各人が N 社の上流企業のうちの 1 社と「秘密裏に」交渉する、という仮定を置く。そして、（前節同様）どのプレーヤーも、（卸売価格に関する）均衡が自分の交渉プロセス外ではプレーされていると信じていると仮定する。このとき、w_j はナッシュ積、

$$(\Pi^{\mathrm{D}} - \underline{\Pi}^{\mathrm{D}})^\lambda (\pi_j^{\mathrm{U}})^{1-\lambda}$$

を最大化するものとして決まる。ここで、$\lambda \in (0, 1)$ は共通小売業者のナッシュ交渉ウェイトであり、

$$\Pi^{\mathrm{D}} = (p - w_j - c^{\mathrm{D}})s(p) + (N-1)(p - w - c^{\mathrm{D}})s(p)$$

は共通小売業者の利潤であり、$\underline{\Pi}^{\mathrm{D}}$ は、生産者 j との交渉が決裂したときに得られる利潤である。同様に、$\pi_j^{\mathrm{U}} = (w_j - c^{\mathrm{U}})s(p)$ は、生産者 j の卸売交渉からの利潤である。

ここで、交渉は生産者 j と共通小売業者の代理人によってプレーされ、彼らは、対称小売価格 p が共通小売業者によって選択されるという消極的な信念を持っていることに注意する。したがって、共通小売業者の当該交渉が決裂した場合の利潤は、$\tilde{s}(p)$ を財 j が削除されたときの財 $j' \neq j$ の市場シェアとして、$\underline{\Pi}^{\mathrm{D}} = (N-1)(p - w - c^{\mathrm{D}})\tilde{s}(p)$ で表される。既存研究における標準的な仮定として、このような場合、小売価格は再最適化されないとされるので、消費者は（除去された財 j を除いて）各財について同じ価格 p に直面したままである。これは、

$$\Pi^{\mathrm{D}} - \underline{\Pi}^{\mathrm{D}} = N(p - w_j - c^{\mathrm{D}})\left[s(p) - \frac{N-1}{N}\tilde{s}(p)\right]$$

を意味する。

　前節と同様、主に計算上の理由から、垂直交渉に関する実証研究で通常仮定されるように、卸売価格と最終価格の組 $\{w, p\}$ は同時に決定されると想定されている。ここで検討されている垂直構造は、1つの下流企業（病院）が複数の上流企業（医療機器サプライヤー）と取引しているという Grennan (2013, 2014) の設定に類似している。

分　析

　対称価格の下での各財の需要は $s(p) \equiv s_j(p, p\cdots, p)$ で定義される。すると

$$s'(p) = \frac{\partial s_j}{\partial p_j} + (N-1)\frac{\partial s_j}{\partial p_l}$$

となっている。そして、産業における需要の価格弾力性は、$\varepsilon_1(p) \equiv -(ps'(p))/s(p) > 0$ で定義される。

産業の価格弾力性の役割

　次の命題は、交渉関係が最終市場の需要条件とどのように関係しているかを示すものである。

命題 7.3　最終価格で測られる総利益に対する各上流企業の取り分は

$$\frac{w - c^{\mathrm{U}}}{p} = N\left(\frac{1-\lambda}{\lambda}\right)\left[\frac{1}{\varepsilon_1(p)}\right] \tag{7.8}$$

で表される。

証明

　まず、

$$\Delta\Pi^{\mathrm{D}} \equiv \Pi^{\mathrm{D}} - \underline{\Pi}^{\mathrm{D}} = [(p - w_j - c^{\mathrm{D}}) + (N-1)(p - w_{j'} - c^{\mathrm{D}})]\left[s(p) - \frac{N-1}{N}\tilde{s}(p)\right]$$

とする。すると、w_j に関する一階条件は

$$\lambda(\Delta\Pi^{\mathrm{D}})^{\lambda-1}\left(\frac{\partial\Delta\Pi^{\mathrm{D}}}{\partial w_j}\right)[(w_j-c^{\mathrm{U}})s(p)]^{1-\lambda}+(1-\lambda)[(w_j-c^{\mathrm{U}})s(p)]^{-\lambda}[s(p)](\Delta\Pi^{\mathrm{D}})^{\lambda}=0$$

となり、これによって対称な w は、

$$\lambda\pi^{\mathrm{U}}\left[1-\frac{N-1}{N}\frac{\tilde{s}(p)}{s(p)}\right]=(1-\lambda)\Delta\Pi^{\mathrm{D}}$$

$$\Leftrightarrow\lambda(w-c^{\mathrm{D}})=N(1-\lambda)(p-w-c^{\mathrm{D}})$$

によって決まる。したがって、小売価格に関する一階条件である式（7.7）は、

$$s(p)+(p-w-c^{\mathrm{D}})\left[\frac{\partial s_j}{\partial p_j}+(N-1)\frac{\partial s_j}{\partial p_l}\right]=0$$

$$\Leftrightarrow s(p)+(p-w-c^{\mathrm{D}})s'(p)=0$$

のように書き換えることができる。ここで、一般的な小売業者は、産業「全体」に配慮している。つまり、自社の価格効果である $\partial s_j/\partial p_j$ だけでなく、他の商品へのスピルオーヴァー効果である $(N-1)(\partial s_j/\partial p_l)$ も考慮している。そして、式（7.8）は、これら2つの式を組み合わせることによって得られる。■

　式（7.8）は、上流企業の交渉ウェイトが大きくなれば（すなわち、$(1-\lambda)$ が大きくなれば）、他の条件を一定として、上流企業の利益シェアも大きくなることを示している。更に重要なことは、産業における需要の価格弾力性が小さくなれば（すなわち、ε が小さくなれば）、上流企業の利益シェアは大きくなるということである。直感的に言えば、上流企業は、交渉プロセスを通じて、共通小売業者に対して高い卸売価格を強気に提示しても、売上減少による損失がそれほど大きくないからである。

　さて、上記の式（7.8）より、卸売価格は

$$w=c^{\mathrm{U}}+N\left(\frac{1}{\lambda}-1\right)\left[\frac{s(p)}{-s'(p)}\right]$$

で求められ、更に

$$p=c^{\mathrm{U}}+c^{\mathrm{D}}+N\left(\frac{1}{\lambda}-\frac{N-1}{N}\right)\left[\frac{s(p)}{-s'(p)}\right] \qquad (7.9)$$

第 7 章　垂直的取引関係　　　　　　131

が導かれる。

パス・スルー

　次に、3 種類の費用パス・スルーを定義する。すなわち、卸売価格に対する上流企業の費用パス・スルー $\partial w/\partial c^{\mathrm{U}}$、小売価格に対する上流企業の費用パス・スルー $\rho^{\mathrm{U}} \equiv \partial p/\partial c^{\mathrm{U}}$、そして、小売価格に対する下流企業の費用パス・スルー $\rho^{\mathrm{D}} \equiv \partial p/\partial c^{\mathrm{D}}$ である。なお、需要の曲率は、$\sigma(p) \equiv ss''/[s']^2$ で定義する。Adachi and Ebina（2014）、Chen and Schwartz（2015）、Gaudin（2016）は、最適解の成立のためには $2 > \sigma$ であることが必要であり、更に、$s(p)$ は「凸になりすぎてはならない」、すなわち、s'' が $1 > \sigma$ になるように十分に小さいことが必要であることを示している。Chen and Schwartz（2015）が主張するように、多くの需要関数のクラスはこの条件を満たす。したがって、ここでもこの制約を踏襲すると、以下の命題が得られる。

命題 7.4　卸売価格に対する上流企業の費用パス・スルーは、上流企業の費用パス・スルーや下流企業の費用パス・スルーよりも大きい。なぜならば

$$\frac{\partial w}{\partial c^{\mathrm{U}}} = (2 - \sigma)\rho^{\mathrm{U}} > \rho^{\mathrm{D}} > 0$$

が成立しているからである。

証明

$$\begin{cases} F(p, w; c^{\mathrm{D}}) \equiv s(p) + (p - w - c^{\mathrm{D}})s'(p) \\ G(p, w; c^{\mathrm{U}}, \lambda) \equiv \lambda(w - c^{\mathrm{U}})\varepsilon_1(p) - N(1 - \lambda)p \end{cases}$$

とする。小売価格と卸売価格は同時に $F(p, w; c^{\mathrm{D}}) = 0$ と $G(p, w; c^{\mathrm{U}}, \lambda) = 0$ を満たすものとして決定されている。まず、卸売価格に対する上流企業の費用パス・スルーである $\partial w/\partial c^{\mathrm{U}}$ と小売価格に対する上流企業の費用パス・スルー ρ^{U} は

$$\begin{pmatrix} \dfrac{\partial F}{\partial p} & \dfrac{\partial F}{\partial w} \\[2mm] \dfrac{\partial G}{\partial p} & \dfrac{\partial G}{\partial w} \end{pmatrix}\underbrace{}_{\equiv D}\begin{pmatrix} \rho^{\mathrm{U}} \\[2mm] \dfrac{\partial w}{\partial c^{\mathrm{U}}} \end{pmatrix} = -\begin{pmatrix} \dfrac{\partial F}{\partial c^{\mathrm{U}}} \\[2mm] \dfrac{\partial G}{\partial c^{\mathrm{U}}} \end{pmatrix}$$

を満たす。ここで、判別式を

$$|D| \equiv \left(\frac{\partial F}{\partial p}\right)\left(\frac{\partial G}{\partial w}\right) - \left(\frac{\partial F}{\partial w}\right)\left(\frac{\partial G}{\partial p}\right)$$

と定義すると、

$$|D| = s'\left\{\lambda\left(2 - \frac{ss''}{[s']^2}\right)\varepsilon_1 + N(1-\lambda)\left(\frac{p\varepsilon_1'}{\varepsilon_1} - 1\right)\right\}$$

$$= s'\varepsilon_1\{\lambda(2-\sigma) + N(1-\lambda)(1-\sigma)\} < 0$$

が全ての $\lambda \in (0,1)$ で成り立つ。なぜならば、$\varepsilon_1' = -\{s's + p[s''s - (s')^2]\}/s^2$ なので、

$$\frac{p\varepsilon_1'}{\varepsilon_1} - 1 = \left(-\frac{ps'}{s}\right)\left(1 - \frac{ss''}{[s']^2}\right)$$

$$= \varepsilon_1(1-\sigma)$$

だからである。

さて、

$$\begin{pmatrix} \rho^{\mathrm{U}} \\[2mm] \dfrac{\partial w}{\partial c^{\mathrm{U}}} \end{pmatrix} = \frac{-1}{|D]}\begin{pmatrix} \dfrac{\partial G}{\partial w}\dfrac{\partial F}{\partial c^{\mathrm{U}}} - \dfrac{\partial F}{\partial w}\dfrac{\partial G}{\partial c^{\mathrm{U}}} \\[3mm] -\dfrac{\partial G}{\partial p}\dfrac{\partial F}{\partial c^{\mathrm{U}}} + \dfrac{\partial F}{\partial p}\dfrac{\partial G}{\partial c^{\mathrm{U}}} \end{pmatrix}$$

であることから、

$$\rho^{\mathrm{U}} = \left(\frac{s'}{|D|}\right)\lambda\varepsilon_1$$

$$= \frac{\lambda}{\lambda(2-\sigma) + N(1-\lambda)(1-\sigma)} > 0$$

となり、そして、

第 7 章　垂直的取引関係　133

$$\frac{\partial w}{\partial c^{U}} = \left(\frac{s'}{|D|}\right)(2-\sigma)\lambda\varepsilon_{1}$$

$$= \frac{\lambda(2-\sigma)}{\lambda(2-\sigma)+N(1-\lambda)(1-\sigma)} > 0$$

である。

同様に、小売価格に対する下流企業の費用パス・スルー ρ^{D} は、

$$\rho^{D} = \frac{-1}{|D|} \cdot \left(\frac{\partial G}{\partial w}\frac{\partial F}{\partial c^{U}} - \frac{\partial F}{\partial w}\frac{\partial G}{\partial c^{D}}\right)$$

$$= \left(\frac{s'}{|D|}\right)\lambda\varepsilon_{1} = \rho^{U}$$

で求められる。よって、$2-\sigma > 1$ から、$\partial w/\partial c^{U} > \rho^{U} = \rho^{D}$ が分かる。■

　この命題は、共通小売業者が上流の費用ショックを

$$100 \times \frac{1-\sigma}{2-\sigma}$$

パーセント吸収することを示している。ここで、需要の曲率が重要な役割を果たしている。産業の需要が「非常に凸」になる（σ が 1 に近くなる）と、卸売価格の上昇は、共通小売業者の交渉ウェイト λ に関係なく、最終価格にほぼ転嫁される[10]。しかし、λ が大きくなると、ρ^{U} と $\partial w/\partial c^{U}$ の双方が大きくなる。なぜならば

$$\frac{\partial\rho^{U}}{\partial\lambda} = \frac{\partial\rho^{D}}{\partial\lambda} = \frac{N(1-\sigma)}{[\lambda(2-\sigma)+N(1-\lambda)(1-\sigma)]^{2}} > 0$$

であり、そして

$$\frac{\partial\left(\dfrac{\partial w}{\partial c^{U}}\right)}{\partial\lambda} = \frac{N(1-\sigma)(2-\sigma)}{[\lambda(2-\sigma)+N(1-\lambda)(1-\sigma)]^{2}} > 0$$

---

10)　他方、小売業者の限界費用 c^{D} の増加は卸売価格を下げる、すなわち

$$\frac{\partial w}{\partial c^{D}} = -\frac{(1-\lambda)(1-\sigma)}{\lambda(2-\sigma)+N(1-\lambda)(1-\sigma)} < 0$$

　であることが分かる。

だからである。再度、後者は前者よりも大きいことが分かる。

次に、λ が小売価格と卸売価格に及ぼす直接的な影響は、

$$\begin{pmatrix} \dfrac{\partial p}{\partial \lambda} \\[2mm] \dfrac{\partial w}{\partial \lambda} \end{pmatrix} = \dfrac{-1}{|D|} \begin{pmatrix} -\dfrac{\partial F}{\partial w} & \dfrac{\partial G}{\partial \lambda} \\[2mm] \dfrac{\partial F}{\partial p} & \dfrac{\partial G}{\partial \lambda} \end{pmatrix}$$

から得られる。これは

$$\frac{\partial p}{\partial \lambda} = -\left(\frac{s'}{|D|}\right)\left(\frac{Np}{\lambda}\right) < 0$$

と

$$\frac{\partial w}{\partial \lambda} = -\left(\frac{s'}{|D|}\right)\left(\frac{Np}{\lambda}\right)(2-\sigma) < 0$$

を意味する。興味深いことに、全ての上流企業に対する共通小売業者の交渉ウェイトが高まるにつれて、最終価格は低下する。これは、共通小売業者が、交渉によって卸売価格を下げることができ、なおかつ財同士の競争が維持されているからである。共通小売業者が交渉ウェイトを失うと、財同士の競争の減少に伴う弊害は、二重の限界化の解消による利益よりも大きくなる。

最後に、式（7.9）より、

$$p = c^{\mathrm{U}} + c^{\mathrm{D}} + N\left(\frac{1}{\lambda} - \frac{N-1}{N}\right)\frac{p}{\varepsilon_1(p)}$$

$$\Leftrightarrow p = \frac{c^{\mathrm{U}} + c^{\mathrm{D}}}{1 - \dfrac{N\left(\dfrac{1}{\lambda} - \dfrac{N-1}{N}\right)}{\varepsilon_1}}$$

となり、これは、

$$\rho^{\mathrm{U}} = \rho^{\mathrm{D}} = \frac{1}{1 - \dfrac{N\left(\dfrac{1}{\lambda} - \dfrac{N-1}{N}\right)}{\varepsilon_1}}$$

を意味する。

まとめると、共通小売業者の交渉ウェイトが高いほど（λ）、小売価格に対する上流費用と下流費用のパス・スルーである ρ^{U} と ρ^{D} が上昇し、最終価

格（p）が低下し、二重の限界化の度合いは抑制されている。

上流企業の自由参入

　ここで、上流企業の参入費用を導入してみる。企業数は連続的であり、各企業は $\omega \in [0, N]$ で示される。参入費用$f(\omega)$ は ω で増加し、微分可能である。そして、$f' > 0$ とする。また、$f(0) = 0$、$f(N)$ は内生である n^* を確保するために十分大きいと仮定する。参入費用は、共通小売業者との交渉の時点では埋没しており、p と w の決定は今までと同様であることを意味する[11]。しかし、限界的位置にある企業 n^* の利潤は、自由参入均衡ではゼロになっている。したがって、均衡 (p, w, n)（上付き * は省略する）は

$$
\begin{cases}
F(p, w, n; c^{\mathrm{D}}) \equiv s(p) + (p - w - c^{\mathrm{D}})s'(p) = 0 \\
G(p, w, n; c^{\mathrm{U}}, \lambda) \equiv \lambda(w - c^{\mathrm{U}})\varepsilon_1(p) - n(1 - \lambda)p = 0 \\
H(p, w, n; c^{\mathrm{U}}) \equiv (w - c^{\mathrm{U}})s(p) - f(n) = 0
\end{cases}
$$

を満たす。

　さて、共通小売業者の交渉ウェイト λ が変化した場合の効果は、次式で得られる。すなわち、

$$
\begin{pmatrix} \dfrac{\partial p}{\partial \lambda} \\[2mm] \dfrac{\partial w}{\partial \lambda} \\[2mm] \dfrac{\partial n}{\partial \lambda} \end{pmatrix} = \underbrace{\begin{pmatrix} \dfrac{\partial F}{\partial p} & \dfrac{\partial F}{\partial w} & \dfrac{\partial F}{\partial n} \\[2mm] \dfrac{\partial G}{\partial p} & \dfrac{\partial G}{\partial w} & \dfrac{\partial G}{\partial n} \\[2mm] \dfrac{\partial H}{\partial p} & \dfrac{\partial H}{\partial w} & \dfrac{\partial H}{\partial n} \end{pmatrix}^{-1}}_{\equiv E} \begin{pmatrix} \dfrac{\partial F}{\partial \lambda} \\[2mm] \dfrac{\partial G}{\partial \lambda} \\[2mm] \dfrac{\partial p}{\partial \lambda} \end{pmatrix}
$$

$$
= \begin{pmatrix} \dfrac{\partial F}{\partial p} & \dfrac{\partial F}{\partial w} & \dfrac{\partial F}{\partial n} \\[2mm] \dfrac{\partial G}{\partial p} & \dfrac{\partial G}{\partial w} & \dfrac{\partial G}{\partial n} \\[2mm] \dfrac{\partial H}{\partial p} & \dfrac{\partial H}{\partial w} & \dfrac{\partial H}{\partial n} \end{pmatrix}^{-1} \begin{pmatrix} 0 \\ (w - c^{\mathrm{U}})\varepsilon_1 + np \\ 0 \end{pmatrix}
$$

---

11) 共通小売業者は、上流企業に対してインデックス ω に基づく価格差別を行わないと仮定する。

であり、これは、

$$
\begin{pmatrix}
\dfrac{\partial p}{\partial \lambda} \\[2mm]
\dfrac{\partial w}{\partial \lambda} \\[2mm]
\dfrac{\partial n}{\partial \lambda}
\end{pmatrix}
= -\frac{(w-c^{\mathrm{U}})\varepsilon_1 + np}{\mid E \mid}
\begin{pmatrix}
s'f' \\[2mm]
\{2s' + (p-w-c^{\mathrm{D}})s''\}f' \\
+ (w-c^{\mathrm{U}})[s'']^2
\end{pmatrix}
$$

となるが、ここで

$$
\mid E \mid = \underbrace{(-f')}_{<0}\underbrace{(s'\varepsilon_1)\{\lambda(2-\sigma) + n(1-\lambda)(1-\sigma)\}}_{<0}
$$
$$
+ (1-\lambda)p[s']^2\left\{(w-c^{\mathrm{U}}) + (2-\sigma)\frac{s}{s'}\right\}
$$

は判別式であり、追加的な仮定として $(w-c^{\mathrm{U}}) + (2-\sigma)(s/s') < 0$ を加えることで、負と仮定する [12]。すると、上記のように、$\partial p/\partial \lambda < 0$、及び、$\partial w/\partial \lambda < 0$ となる。しかし、$\partial n/\partial \lambda$ が正になるか負になるかは、

$$
\underbrace{\{2s' + (p-w-c^{\mathrm{D}})s''\}s}_{<0} + \underbrace{(w-c^{\mathrm{U}})[s'']^2}_{>0}
$$

の符号に依存するが、もし $1 > s''/s'$ であるならば、負になる。なぜならば、

$$
\{2s' + (p-w-c^{\mathrm{D}})s''\}s + (w-c^{\mathrm{U}})[s'']^2
$$
$$
< (2-\sigma)s's + (2-\sigma)\left(-\frac{s[s'']^2}{s'}\right)
$$
$$
= (2-\sigma)s\left(s' - \frac{[s'']^2}{s'}\right)
$$

となり、ここで、$\sigma < 2$ となっているからである。なお、$s'' = 0$ であるため、需要が線形であれば、これは成立する。まとめると、上記の不等式が成り立つ場合、一般的な小売業者の方が交渉に積極的であれば、上流企業の参入数

---

12) これは、$p/\varepsilon_1 = [1 + \varepsilon(1-\sigma)]/\varepsilon_1$ であることから、
$$
w - c^{\mathrm{U}} < \frac{(2-\sigma)[1 + \varepsilon_1(1-\sigma)]}{\varepsilon_1}
$$
と書ける。

は少なくなる。

第8章 不完全競争と一般均衡

　本書で提示されてきた不完全競争の導入法は、部分均衡的な枠組みを前提とすることで、個々の消費者や労働者の問題における所得効果（income effects）を排除していた（狭義の競争政策や消費者保護政策に関わる諸問題を検討する上ではそれで十分であろう）。しかし、一般均衡的な枠組み（general equilibrium framework）とどう関係づけるかという、「経済学理論上最も解決困難な位置付けにある」（浦井 2015, p. 235）問題が残されている[1]。

8.1　問題の所在

　この問題は、例えば、産業におけるマークアップ率上昇の傾向といったマクロ経済学（Macroeconomics）において実証的に議論されている問題（De Loecker, Eeckhout, and Unger 2020）を理論的に把握する際にも重要な論点であろう。林貴志（2013, p. 263）は、不完全競争のフレームワークと一般均衡の枠組みとの「折り合いが悪い」理由を以下の3点にまとめている：

　(1)　企業が市場支配力をもって価格を操作できるならば、それを利潤最大化すべく操作するのと企業の所有者の消費行動にとって都合の良い方向

---

1)　経済学史的には、不完全競争を一般均衡の枠組みで捉えようとする問題意識は、Chamberlin（1933）による部分均衡的な独占的競争（monopolistic competition）の議論を一般均衡に拡張しようとする Triffin（1940）や Negishi（1961）にまで遡るものと思われる。1960 から 80 年代における展開については、Hart（1985）や Bonanno（1991）に手際良く纏められているし、また、久我（1998）は、Nikaido（1975）モデルを Uzawa（1961）や Inada（1963）などによる 2 部門 2 要素の経済成長モデルへと動学展開している。なお、近年は国際貿易論における文脈において展開が見られ、そのサーヴェイとしては Neary（2016）が参考になろう。

140 　第Ⅳ部　垂直構造と一般均衡への展開

へ操作するのとでは一般に一致せず、企業の目的が定まらなくなってしまう。

(2) 一般均衡分析においては相対価格のみが問題であって分析は価格の正規化の仕方（どの価格を1と基準化するか）に依存しないのに対して、不完全競争において企業が操作する価格は絶対価格である、あるいは「所得の価格」を1に正規化した上での相対価格のあり方に限定される。

(3) 数学的難点だが、一般均衡において用いられるべき利潤関数が不完全競争においては凸凹を持つので、一般均衡の存在を保証できない。

　まず簡単に、Blackorby and Murty（2007）のような一般均衡における独占のフレームワークに、市場支配力指数アプローチを適用してみるという所から出発してみても良いかもしれない[2]。Blackorby and Murty（2007）は、N個の財が完全競争市場において取引され、一つの財が独占企業によって供給されるという一般均衡モデルを提示し、従量税のもとでのパレート効率的配分は、従価税のもとで、独占企業に対する超過利潤が100パーセント課税され、消費者／労働者が同質的であると仮定された上で、彼らに対する一括移転（均等移転でもあるが）がなされるという前提での従価税のもとでのパレート効率的配分と同値となることを示している。

　我々の市場支配力指数アプローチを用いることによって、独占の状況を寡占的状況へと拡張することは可能と思われ、その場合は、従量税に比べての従価税の望ましさが示されるものと予想されるが、超過利潤に対する課税が100パーセント以下であるような場合、独占企業の所有権から生じる所得は、税システムの変化から影響を受けるという「所得効果」を考慮しなければならなくなるため、一般的な事が言えるかどうかは自明ではない[3]。

　なお、今の時点では、市場支配力指数アプローチとの関わりは未知数であるが、Nocke and Schutz（2018）は、集約ゲームアプローチ（Aggregative Games Approach）に基づいて、寡占競争の一般均衡への拡張可能性に関する

---

2) Blackorby and Murty（2007）をご教示くださった平賀一希教授に感謝したい。
3) なお Hiraga（2019）は、この性質は、独占的競争を前提としたニューケインジアン的動学的確率的一般均衡モデルにおいても成り立つことを示している。

第 8 章　不完全競争と一般均衡　　141

方向性を提示しているので、参考のためにここで言及しておきたい[4]。

「集約ゲーム」とは、各企業 $i=1, 2, \cdots, N$ の利潤関数が、$\pi_i(x_i, A(\mathbf{x}))$ のように、自身の行動 x_i（ヴェクトルの場合も含む）と、全企業の行動 $\mathbf{x}=(x_1, x_2, \cdots, x_N)$ を（1次元の実数に）集約する集約体 A のみの関数として表現されるゲームを指し、Cornes and Hartley（2012）や Acemoglu and Jensen（2013）が論じているように、均衡の一意性の証明や比較静学の特徴づけなどの数学的取扱いに優れている[5]。我々の関心である不完全競争を念頭に置くと、まず容易に予想されるように、同質財の数量競争は、各企業 i の利潤が

$$\pi_i = p(Q)q_i - C_i(q_i)$$

のように q_i と $Q=\Sigma_i q_i$ の関数として表されるので、集約ゲームであることが分かる。

　では他方で、製品差別化の下での価格競争はどうであろうか？　この場合、各企業 i の利潤は、$\mathbf{p}=(p_1, p_2, \cdots, p_N)$ として、

$$\pi_i = p_i q_i(\mathbf{p}) - C_i[q_i(\mathbf{p})]$$

と表されるので、一見、集約体を考えることはできないように思われてしまう。しかしながら Nocke and Schutz（2018）は、次のように考えることで、製品差別化の下での価格競争も集約ゲームで表現されることを見出した。すなわち、まず、定数 $c_i \geq 0$ を用いて、費用関数を $C_i(q_i)=c_i q_i$ と簡単化して

$$\pi_i = (p_i - c_i)q_i(\mathbf{p})$$

とする。では、$q_i(\mathbf{p})$ をどのように工夫したら良いのかということであるが、企業 i の需要関数が（実証研究で用いられることの多い）

$$q_i(\mathbf{p}) = \frac{\exp(\delta_i - \alpha_i p_i)}{1 + \sum_j \exp(\delta_j - \alpha_j p_j)}$$

のような多項ロジット型需要関数（multinomial logit demand function）で与え

---

4)　関連して、応用一般均衡分析としての国際経済学（International Economics）における研究として、例えば、Demidova（2017）が独占的競争のフレームワークで、財市場と労働市場の一般均衡を考え、賃金が内生的に決定されるようなモデルを提示している。この点に関して、ご教示くださった柳瀬明彦教授に感謝したい。

5)　ここでは、本書の不完全競争の文脈に合わせて、プレーヤーとして企業を考えているが、集約ゲームは、より広い文脈でも勿論、考えられるものである。なお、Anderson, Erkal, and Piccinin（2020）は、不完全競争の文脈で、集約ゲームアプローチによって、企業の参入・退出を分析している。

142　　　　　第IV部　垂直構造と一般均衡への展開

られる場合、集約体として、$A(\mathbf{p}) = \Sigma_j \exp(\delta_j - \alpha p_j)$ を考えれば、$q_i(\mathbf{p})$ は、$q_i(p_i, A(\mathbf{p}))$ としても書け、したがって、利潤関数は $\pi_i(p_i, A(\mathbf{p}))$ と書けるので、集約ゲームと表現されていることが分かる[6]。

　ここでは説明の簡便化のために、一企業が一つの製品を生産・販売する single-product firm oligopoly を考えたが、各企業が複数財を生産・販売するという multi-product firm oligopoly のケースを考えてもこの議論は適用されることが読み取れよう[7]。Nocke and Schutz（2018）の提示している一般均衡モデル（財市場と労働市場の一般均衡が考えられている）については、同論文の 538–539 ページを参照されたい。ただし、不完全競争と一般均衡の「折り合い」を付けるために、市場支配力指数アプローチ、集約ゲームアプローチ、あるいはまた別のアプローチが求められるのかは、現時点では、全くの未知である。

8.2　不完全競争の一般均衡モデルで考える競争政策の意義[8]

　本節では、Mankiw（1988）のモデルにおける財市場の不完全競争に関わる部分を、市場支配力指数アプローチに依拠して再定式化することによって、不完全競争的な財市場に労働市場も組み込んだ試論的な一般均衡的モデルを提示する。そうして競争政策には、賃金労働者の利益を確保し、雇用と国内総生産（Gross Domestic Product; GDP）の水準を高める役割があることを明快に示すような経済理論的な視点を提示することが可能であることを論じたい。

　周知のように、我が国で施行されている競争法である「私的独占の禁止及び公正取引の確保に関する法律」（いわゆる独占禁止法）の第 1 条は、

---

6)　ここでは説明化の簡単化のため、限界費用一定としたが、Nocke and Schutz（2018）の提案している方法論では、限界費用が一定でない場合でも、ロジット型需要関数のもとでは、集約ゲームとしての表現が可能であることが論じられている。

7)　集約ゲームアプローチへの応用例として、Nocke and Schutz（2025）や Peitz and Sato（2025）は水平的合併を分析している。

8)　本節の記述は、安達貴教「不完全競争の一般均衡モデルで考える競争政策の意義」『経済論叢』（京都大学），196（3），45–54（2022 年 11 月）に基づいている。本書での活用をお認めいただいた京都大学経済学会委員会に感謝したい。

この法律は，私的独占，不当な取引制限及び不公正な取引方法を禁止し，事業支配力の過度の集中を防止して，結合，協定等の方法による生産，販売，価格，技術等の不当な制限その他一切の事業活動の不当な拘束を排除することにより，公正且つ自由な競争を促進し，事業者の創意を発揮させ，事業活動を盛んにし，**雇傭及び国民実所得の水準を高め**，以て，一般消費者の利益を確保するとともに，国民経済の**民主的で健全な発達を促進**することを目的とする。

と述べて、その目的を示す（太字強調は引用者による）。競争政策は、通常の理解においては、部分均衡的な枠組みが想定された上で、マーシャル的な消費者余剰、あるいは経済厚生（消費者余剰と企業利潤の和）を減少させるような（私的独占、不当な取引制限あるいは不公正な取引方法と分類される）種々の「行為」（conduct）を除去・禁止することを主眼とするものである。それに対して、「雇傭及び国民実所得の水準を高め」（上記太字）の部分も含めてその意義を示すためには、一般均衡的な枠組みを想定して、労働市場、そして、マクロ経済における国内総生産（GDP）の決定メカニズムも考慮されなければならない。

　このような試みによって、競争政策の意義は経営者や政治家を含む国民各層に普く訴えかけるものとなり、21世紀中での「自由放任の終焉」に貢献することが期待されよう。それは、人類の未来における資本主義の「民主的で健全な発達を促進」（上記太字）させるために必要なことなのである[9]。

生産構造

　ここで参考とするのは、Blanchard and Johnson（2013）の第7章における議論を発展させた、齊藤・岩本・太田・柴田（2016）の第7章「閉鎖経済の中期モデルの展開」の記述である。まず、経済全体における生産プロセスを

　9）　この点につき、経済法学者の林秀弥教授は、「独禁法の１条には「国民経済の民主的で健全な発達を促進」し、とありますよね。私はここで「民主的」という言葉に着目しています。…（中略）…ここで「民主的」とは、市場経済における決定過程にかかわる関係者の参加が保障されることを意味し、それは限られた資源を公共の福祉のために有効に活用する意味できわめて重要です。市場メカニズムを通じて多くの利害関係者の意向が適切に反映されてはじめて、消費者の自律的・自主的な選択が最大限尊重され、競争的な市場経済の特性が発揮されると思います」（青木・小田切・林 2017, p. 11）との極めて重要な見方を提示している。

明示的に考え、企業セクター（「集約的企業」）の生産関数を

$$Q = \chi \cdot L \tag{8.1}$$

と仮定する。ここで $L \geq 0$ は投入労働量、$\chi > 0$ は 1 単位の労働当りの生産量であり、「労働生産性の指標と解釈することができる」（齊藤・岩本・太田・柴田 2016, p. 192）。さて、この集約的企業の費用は、生産量 Q の関数 $C(Q)$ としては、名目賃金を $w \geq 0$ とすると、式（8.1）から、

$$w \cdot L = \frac{w}{\chi} \cdot Q$$

であることから、

$$C(Q) = \frac{w}{\chi} \cdot Q$$

と書けることが分かる。

なおここで、式（8.1）から、一国経済において生まれる付加価値（added value）、すなわち国内総生産（GDP）は、

$$P \cdot Q = (P \cdot \chi) \cdot L$$

であり、集約的企業の利潤が生じない完全競争下では、w は $w = P \cdot \chi$ となるはずであると考えるのであれば、実質賃金 w/P は

$$\frac{w}{P} = \chi \tag{8.2}$$

のように決まっていることになる。ここで式（8.2）を変形すると、

$$P = \frac{w}{\chi}$$

である。

さて、齊藤・岩本・太田・柴田（2016, pp. 192–193）は「企業は，名目生産コストに μ の割合で利潤を上乗せして財の名目価格を設定する」と考えて、

$$P = (1 + \bar{\mu}) \frac{w}{\chi}$$

という関係を想定する。ここで上式においては、次節で使われる意味での μ（我々は「マークアップ値」μ を $\mu \equiv P - C'(Q)$ と定義する）と区別するために、齊藤・岩本・太田・柴田（2016, p. 193）の式（7–3）における μ を $\bar{\mu}$

で置き換えている。このもとでは、実質賃金 w/P は

$$\frac{w}{P} = \frac{\chi}{1+\bar{\mu}} \tag{8.3}$$

のように決定されることになる。

齊藤・岩本・太田・柴田（2016, p. 192）では

$$\frac{w}{P} = G(L)$$

が式（7-1）として提示され（ただし、彼らは L ではなく、N という表記を用いている）、L が決まれば関数 G によって、w/P が決まるという論を立てているが（実際、関数 G は「実質賃金設定関数」と呼ばれている）、むしろ、w/P が（式 (8.3) によって）決まれば雇用量 L が決まるという論を立てた方が整合的であろう。

以下では、齊藤・岩本・太田・柴田（2016）の考え方とは異なり、マークアップ値 μ を内生変数として考えるために，市場支配力指数アプローチによる不完全競争下での価格決定のメカニズムを導入したい。

市場支配力指数アプローチによる不完全競争的マクロ経済のモデル化

上述の集約的企業が一つの意思決定主体であるという仮想的状況をまず想定する。財市場の需要は $Q = Q(P)$ という需要関数で表されているものとする。ここで、国内総生産（GDP）Y は、$Y = P \cdot Q$ であるので、総需要関数として

$$Q(P) = \frac{Y}{P}$$

を想定する。これは、財市場における需要の価格弾力性

$$\varepsilon(P) = -\frac{PQ'(P)}{Q(P)}$$

が、物価水準 P の値にかかわらず、常に一定の定数である 1 となっていることを意味している[10]。

---

10)　本書は今まで、市場全体における需要の価格弾力性は、ε_i で表示してきたが、この "1" は、部分均衡の世界における特定の産業を考えていることを意味していた。ここでは、産業の分類を超えたい市場を考

第IV部　垂直構造と一般均衡への展開

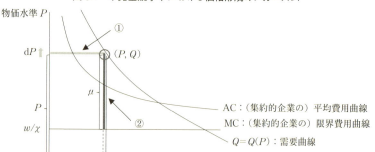

図8.1　不完全競争下における価格形成のメカニズム

ここで、図8.1の①部分で示されている (P, Q) では、次のような意味で、独占企業が利潤を最大化している（なお、ここでの状況では、収入額 $P \times Q$ は総費用 $AC \times Q$ よりも大きいので、利潤は正である）。すなわち、ここでの価格 P から少しだけ（$dP>0$ だけ）価格を上げることによって、①それでもなお購入している消費者からの「限界的な利潤増加」と、②購入を諦めてしまう消費者がいる（需要の減少分は $-dQ<0$）ことからの「限界的な利潤減少」とが等しくなっているということである。ここで、①に対応する部分は $dP \cdot Q$、②に対応する部分は $\mu \cdot (-dQ)$ と表現される。なお、$\mu \equiv P - C'(Q) = P - w/\chi$ は既に導入した概念であるマークアップ値に他ならない。以上の数式表現は

$$\underbrace{dP \cdot Q}_{①} = \underbrace{\mu \cdot (-dQ)}_{②} \tag{8.4}$$

である。

この議論を不完全競争の議論として一般化するために、市場支配力指数 $\theta \in [0, 1]$ を導入する。この意味は、価格を上げた時に追加的な利潤を「集約的企業」が全て得る状況に対応するのが $\theta=1$、他方、価格を上げても、追加的に利潤を全く得ることができない、すなわち、式 (8.4) の①の部分

えているため、"I" は外して表記している。

がゼロになっている時に対応するのが $\theta = 0$ とすれば、価格決定式は、

$$\underbrace{\theta \cdot \mathrm{d}P \cdot Q}_{①} = \underbrace{\mu \cdot (-\mathrm{d}Q)}_{②} \tag{8.5}$$

のように拡張される。

物価水準の決定

さて，式（8.5）は

$$\theta Q = \mu \cdot \left(-\frac{\mathrm{d}Q}{\mathrm{d}p}\right)$$

$$\Leftrightarrow \frac{\mu}{P} = \theta$$

と書き換えられる。ここでマークアップ値 μ は $\mu = P - w/\chi$ であることから、上式は、物価水準を

$$P = \frac{1}{1-\theta} \cdot \frac{w}{\chi} \tag{8.6}$$

のように定める。以下では、物価水準 P が有限の値として与えられるようにするために、厳密に独占のケースである $\theta = 1$ を排除することとする。

本節での集約的企業の想定は、特定の産業についてではなく経済全体の民間セクターに対してであるため、この仮定は全く制約的でないし、かつ、より現実的なものである。なお、限界費用の限界的変化に対して物価水準がどれだけ変化するかを示すパス・スルー値 ρ は

$$\rho \equiv \frac{\mathrm{d}P}{\mathrm{d}\left(\dfrac{w}{\chi}\right)} = \frac{1}{1-\theta} \geq 1$$

となっており、完全競争ではない場合（$\theta > 0$）には、常に1より大きいという過剰反応の状態しか生じ得ない。更には、θ が上昇するにつれて、ρ も大きくなる。これは、ここで考えている総需要関数のもとでは、需要の価格弾力性が一定の1の値にしかならないことから生じる欠点である。

また、マークアップ値は

$$\mu = \frac{\theta}{1-\theta} \cdot \frac{w}{\chi}$$

というように、内生的に与えられることになる（更に以下で、名目賃金 w が内生的に決まることになる）[11]。そして、この時の生産量は、

$$Q = \left(\frac{1}{1-\theta} \cdot \frac{w}{\chi}\right)^{-1} Y$$

となり、したがって、企業セクターにおける雇用量は

$$L = \frac{\left(\dfrac{1}{1-\theta} \cdot \dfrac{w}{\chi}\right)^{-1} Y}{\chi} = \frac{(1-\theta)Y}{w}$$

と表される。

ここで、もし θ が $\theta=0$、すなわち、財市場が完全競争的である時は、

$$w = P \cdot \chi$$

のように実質賃金 w/P が決まっているものと理解される。これは同時に、労働市場も完全競争であり、したがって、国内総所得は賃金所得 $w \cdot L$ のみで構成されている。

対して、$\theta > 0$、すなわち、何らかの不完全競争がある場合は、企業利潤 Π はゼロではなく、

$$\Pi = P \cdot Q - w \cdot L - F$$
$$= \frac{1}{1-\theta} \cdot \frac{w}{\chi} \cdot \chi \cdot L - w \cdot L - F$$
$$= \frac{\theta}{1-\theta} \cdot wL - F > 0$$

となっている（なお、$F \geqq 0$ は生産に必要な固定費用であり、Π が負にはならない程度に大きくない値であるとする）。そして、$\Pi = PQ - C(Q) - F$ と

---

11) これは、平均労働生産性 χ あたりの賃金 w である w/χ を単位労働費用に対して、

$$P = k \cdot \frac{w}{\chi}$$

となるような k をマークアップ値と考えた Weintraub（1959）（アメリカにおいてポスト・ケインズ派経済学を推進した一人）による「賃金コスト・マークアップ（WCM; Wage-Cost Mark-up）理論」（鍋島 2020, pp. 185–187；根井 2020, pp. 118–122）において、k を $k=1/(1-\theta)$ として内生的に導出したものとも解釈されよう。

も書けることを思い出すと

$$\Pi = \theta Y - F \qquad (8.7)$$

とも表現することが可能である。

消費者行動の記述と名目賃金の決定

Mankiw（1988）に倣って、消費者は代表的個人性を想定して、その効用
関数を

$$U = \alpha \cdot \ln C + (1-\alpha) \cdot \ln l$$

とする。ただし、$C>0$ は財消費量、$l>0$ は余暇時間であり、$\alpha \in (0, 1)$ は
財消費からの効用に対するウェイトである。労働可能な最大時間を $\bar{L}>0$ と
すれば、労働投入量 L は $L = \bar{L} - l$ と表され、この消費者の予算制約式は、
$T \geq 0$ を政府の徴集する一括税とすれば

$$PC = wL + \Pi - T$$
$$\Leftrightarrow PC + wl = w\bar{L} + \Pi - T$$

である。ここで、消費者の制約条件付き効用最大化を考えれば、最適消費 C
と最適余暇 l は、

$$l = \frac{1-\alpha}{\alpha} \cdot \frac{PC}{w}$$

という関係性を満たしている。したがって、最適な支出額 $P \cdot C$ は

$$PC = \alpha(w\bar{L} + \Pi - T)$$

となっている。

なお、政府は、徴収した税額 T を政府支出 $G_X \geq 0$ と政府セクターの雇用
支出 $G_M \geq 0$ に振り分ける。すなわち、政府の予算制約式は

$$T - G_X + G_M$$

である。生産財に対する国内総支出 Y は

$$Y = PC + G_X$$
$$\Leftrightarrow Y = \alpha(w\bar{L} + \Pi - T) + G_X \qquad (8.8)$$

となっている。

次に，最適な余暇時間量は

150　　第Ⅳ部　垂直構造と一般均衡への展開

$$l=\frac{1-\alpha}{\alpha}\cdot\frac{\alpha(w\bar{L}+\Pi-T)}{w}=\frac{(1-\alpha)(w\bar{L}+\Pi-T)}{w}$$

であるので、したがって、労働供給 L^S は

$$L^S=\bar{L}-l=\alpha\cdot\bar{L}-(1-\alpha)\frac{\Pi-T}{w}$$

となっている。他方、労働需要 L^D は、Mankiw（1988）のように、企業セクターからの需要と政府セクターの雇用の和であるものとすると

$$L^D=\frac{Q}{\chi}+G_M$$

$$=\frac{Q}{\chi}+T-G_X$$

となるが、

$$\Pi=Y-\frac{w}{\chi}Q-F$$

から

$$\frac{Q}{\chi}=\frac{Y-\Pi-F}{w}$$

であることを用いると

$$L^D=\frac{Y-\Pi-F}{w}+T-G_X$$

$$=\frac{\alpha(w\bar{L}+\Pi-T)+G_X-\Pi-F}{w}+T-G_X$$

$$=\alpha\cdot\bar{L}-(1-\alpha)\frac{\Pi-T}{w}-\frac{G_M+F}{w}+G_M$$

である。したがって、労働供給 L^S と労働需要 L^D が等しくなる均衡においては、名目賃金 w は、$G_M>0$ として

$$w=\frac{G_M+F}{G_M}\ (\equiv w^*)$$

のように内生的に導出される。Mankiw（1988）においては、余暇はニュメレール（価値尺度財）として、$w=1$ であることが前提とされているが、ここでは、$F=0$ の時に内生的に導出される結果として $w^*=1$ が得られる。マ

クロ経済の文脈における企業セクターの固定費用の意味合いをどう考えるかは、やや微妙な問題があると思われるので、以下では、$F=0$ を仮定したい。

するとまず式（8.6）より、物価水準は

$$P^* = \frac{1}{1-\theta} \cdot \frac{1}{\chi}$$

であり、したがって、マークアップ値は

$$\mu^* = \frac{\theta}{1-\theta} \cdot \frac{1}{\chi}$$

となる。そして、式（8.7）と式（8.8）より、GDP は

$$Y^* = \frac{\alpha(\bar{L}-T)+G_X}{1-\alpha\theta}$$

となっている[12]。ここで、財政支出による乗数効果は

$$\frac{\mathrm{d}Y^*}{\mathrm{d}G_X} = \frac{1}{1-\alpha\theta}$$

であることから、1 以上である。この結果は Mankiw（1988）と同様のものであるが（類似のフォーミュレーションとしては Matsuyama 1995, pp. 703–705 を参照）、ここでは市場支配力指数アプローチに依拠し、市場支配力指数 θ を用いてマークアップ値の決定を内生化することで、不完全競争の程度と乗数効果を関連づけた表現を得ていることが、Mankiw（1988）との違いとなっている。

その結果として、財市場の不完全競争度が高い（θ が大きい）ほど、乗数効果は大きいことを明快に理解することが可能となっている。しかし、収支均衡の制約のもとでは、

$$\left.\frac{\mathrm{d}Y^*}{\mathrm{d}G_X}\right|_{\mathrm{d}T=\mathrm{d}G_X} = \frac{1-\alpha}{1-\alpha\theta} \le 1$$

となる。すなわち、乗数効果は 1 よりも小さい（独占の時、そしてその時の

---

12) なお、生産量、雇用量はそれぞれ

$$Q^* = \frac{\chi(1-\theta)[\alpha(\bar{L}-T)+G_X]}{1-\alpha\theta}, \quad L^* = \frac{(1-\theta)[\alpha(\bar{L}-T)+G_X]}{1-\alpha\theta}$$

である。

みに 1 となる)。ここでも、財市場の不完全競争度が高いほど，乗数の値は
大きいことが分かる。

マクロ経済と競争政策

ここで、企業利潤を経営者・資本家所得と呼び、賃金所得を労働者所得と
言い換えるならば、(固定費用 F を無視した) 国内総生産 (GDP) は、

$$\underbrace{P \cdot Q - T}_{\text{税引き後の付加価値／国内総生産 (GDP)}} = \underbrace{\Pi}_{\text{経営者・資本家所得}} + \underbrace{w \cdot L}_{\text{労働者所得}}$$

のように、経営者・資本家所得と労働者所得とに分けられているのであり、
その比は、

$$\frac{\Pi}{w \cdot L} = \frac{\theta}{1 - \theta}$$

であるので、

$$\frac{\mathrm{d}\left(\dfrac{\theta}{1-\theta}\right)}{\mathrm{d}\theta} = \frac{1}{(1-\theta)^2} > 0$$

となり、これは、不完全競争の度合が増加する (θ が上昇する) ことは、相
対的に、経営者・資本家所得が増加することを意味している。

それでは、絶対的な水準はどうか。経営者・資本家所得は

$$\Pi(\theta) = \frac{\theta}{1 - \theta} \cdot wL^*(\theta)$$

であるので、

$$\Pi'(\theta) = w^* \left\{ \frac{1}{(1-\theta)^2} \cdot L^*(\theta) + \frac{\theta}{1-\theta} \cdot [L^*]'(\theta) \right\}$$

$$= w \cdot \left\{ \frac{1}{(1-\theta)^2} \cdot L - \frac{\theta Q}{(1-\theta)^2 \chi} \right\}$$

となり、$Q = \chi \cdot L$ であることを思い出すと、

$$\Pi'(\theta) = \frac{1}{1 - \theta} \cdot wL^* > 0$$

であることが分かる。したがって、市場支配力指数 θ の上昇は、絶対的に

第 8 章　不完全競争と一般均衡　　　153

も、経営者・資本家所得を上昇させることが分かる。その時には、総生産 Q^* は低下、そして、雇用量 L^* も低下することは容易に分かる。

　以上で提示した、一般均衡的な不完全競争のモデルにおいて、市場支配力指数 θ の上昇は、総雇用量 L^* 及び国内総生産（GDP）Y^* の「水準を低め」、「一般消費者」を労働者と解釈するのであれば、一般消費者所得 $w^* L^*$ の「利益が損なわれる」ことになる。しかしながら、経営者・資本家サイドから見れば、可能ならば、θ を高めたいという誘因を持つ。製品差別化の度合い等の市場構造によって、市場支配力指数の下限はゼロ、すなわち、完全競争とは限らず、$\underline{\theta} > 0$ のように下限が与えられていると考えられる[13]。しかし、経営者・資本家にとっては、種々の「行為」（conduct）によって、市場支配力指数 θ を $\underline{\theta}$ よりも高めることは、自身の利益増加につながる。このような事情が、独禁法学における「一定の取引分野における競争の実質的制限」、すなわち、「市場支配力の形成・維持・強化」の背後にある動機であり、それに経済理論的表現を与えたものが、ここでの一般均衡的な不完全競争のモデルに他ならない。このようにして、競争政策に対してマクロ経済的な視点からも意味づけを与えることが可能となる[14]。

---

13)　Robinson and Eatwell（1973, p155）（邦訳 p. 200）は、このような「買手をある特定の売手に惹きつけるための手段（means of attaching buyers to particular sellers）」としての製品差別化として、「ブランドの宣伝広告、買手に対する信用貸与、配達などのサーヴィス、立地の便、品物の概観や実用性の違いなど（advertisement of a brand name, credit to the buyer, service such as deliveries, convenience of location, difference in the appearance or real usefulness of the commodities）」を挙げている。

14)　通常は、市場支配力指数の下限 $\underline{\theta}$ は完全競争下での 0 より大きいと考えられ、そのような状況においては、競争政策が目指すべきことは、実際の市場支配力指数 θ を $\underline{\theta}$ に一致させることであり、決して、完全競争を達成しようとすることではない。例えば、実質賃金は

$$\frac{w^*}{P^*} = (1 - \theta)\chi$$

であり、これが最大になるのは、$\theta = 0$ の時であり、その時、実質賃金は限界労働生産性（平均労働生産でもある）と一致している。この点だけを見ると、競争政策は、競争の状態をできるだけ完全競争に近づけることが目標のように考えられてしまうが、そうではなく、$\underline{\theta} > 0$ が下限としてあり（この時、w^*/P^* は、限界労働生産性よりも低いという意味では、「搾取」（exploitation）が本源的に生じざるを得ない）、人為的に θ が $\theta = \underline{\theta}$ よりも上昇することの抑制が競争政策の役割と考えるべきである（そのことにより、人為的な追加的「搾取」は抑えられる）。

8.3 まとめ

以上、本章においては、財市場と労働市場という2つの市場を考え、市場支配力指数アプローチによって財市場の不完全競争性を考慮し、そうして、それぞれの市場における価格 P と w が内生的に決定されるような一般均衡モデルを提示した。このことにより、我が国の独禁法の第1条にある「雇傭及び国民実所得の水準を高め，以て，一般消費者の利益を確保するとともに，国民経済の民主的で健全な発達を促進することを目的とする」に対して、経済理論的な正当化を与えることができるようになる。今後の「不完全競争の一般均衡モデル」の展開にあたっては、第8.1節で述べたように、集約ゲームアプローチの活用を考えることも興味深いものと思われる。

結 語

　以上、本書では、競争政策・消費者政策の経済理論的基礎づけを与えることを主な念頭に置き、ゲーム理論を前提とすることなく、不完全競争の意味づけや帰結を理解するための一つのあり方として、市場支配力指数アプローチを検討してきた。

　ミクロ経済学の多くの入門書において、「独占・不完全競争」は、「市場の失敗」の一つとして、「外部性・公共性」や「情報の非対称性」と並列的に扱われている。確かに、完全競争をベンチマークとした場合と比較して、デッドウェイト・ロスを発生させてしまうという点では三者は同じである。しかし「独占・不完全競争」は、日本の独占禁止法が言うところの「市場支配的状態」がその原因であるのに対して、「外部性・公共性」や「情報の非対称性」は、市場での取引機会の不在、あるいは取引における疑心暗鬼から生じる市場機能の不全が伴うものであるという意味では、内容的には異なるものと言えよう。

　したがって、そのようなニュアンス的違いを入門段階で明示しても良いかもしれない。このことは、すなわち、「外部性」や「情報の非対称性」を導入する際は、完全競争をベースにするのではなく、本書で説明してきたような、不完全競争の世界を最初から前提とした上で、「少しだけの複雑化への第一歩」として、「外部性」や「情報の非対称性」を導入する方法が望ましいことを示唆していると考えられる。

　本書においては、市場支配力指数アプローチにおける「情報の非対称性」については検討したものの（第6章）、「外部性」（externalities）については取り扱うことができなかった。これは、将来に向けて残された検討課題であ

るし、安達（2024）が解説しているような「両面的市場」（two-sided markets）
を検討する際には必須となる。より具体的には、「上流企業→下流企業→消
費者」というスタンダードな垂直的取引関係において、上流企業と消費者と
の間に「間接的ネットワーク外部性（indirect network externalities）」を導入
することで、下流企業を「プラットフォーム（platforms）」、上流企業を「出
店企業（vendors）」と呼べるような状況を考えるようにすることである。

　そのためにも、第7章で展開した「垂直的関係」への市場支配力指数アプ
ローチを更に深める必要があろう。このことによって、「単独効果」
（unilateral effects）と「協調効果」（coordinated effects）を区別できるような
方法を見出すようにすると共に、Fumagalli, Motta, and Calcagno（2018）で扱
われている、「略奪的価格設定（廉売）」（predatory pricing）、「排他的取引」
（exclusive dealing）、「抱き合わせ販売」（tying/bundling）、「取引閉鎖、差別的
取り扱い」（foreclosure, discrimination）といった個別的話題をも市場支配力
指数アプローチによって包括的に取り扱えるような途を求めたい[1]。

　なお、本書では、一貫して、「産業全体にとっての市場支配力指数」を想
定してきたが、第1章第1.2節で示唆したように、対称性の仮定を緩め、企
業の異質性を導入することで、「企業ごとの市場支配力指数」を考えること
が可能である。その場合には、ヴェクトルや行列を用いた記法上の工夫が必
要とされるが、そのような今後の展開を見据えた一般化の試みに向けては、
例えば、Adachi and Fabinger（2022）の付録やAdachi（2023）の付録を参照さ
れたい。

---

1)　これら四つは、公正取引委員会が公表している「排除型私的独占に係る独占禁止法上の指針」（いわゆ
る、「排除型私的独占ガイドライン」。https://www.jftc.go.jp/dk/guideline/unyoukijun/haijyogata.html）におい
て挙げられている例に対応している。すなわち、「第一がコスト以下の低価格での販売、第二が競争相手
から供給を受けないことを条件とする排他的取引、第三に、ある商品を供給する際に併せて他の商品を購
入させる抱き合わせ、第四に、必須の原料などを供給する上流の業者が特定の下流の業者に対して供給を
拒絶する行為などを意味する供給拒絶・差別的取り扱い」（後藤 2013, p. 77）である。なお、第6章の脚
注10で述べたように、本書で対象とした市場支配力は、排除行為までを考慮に入れているものではない
と考えられるため、その点は、本書の限界を示すものであり、今後の検討課題として残されている。

あとがき

　本書の成り立ちは、筆者が 2019 年 4 月に執筆した草稿「経済学入門における不完全競争の導入について——ゲーム理論に「引退！」勧告」にまで遡る。その執筆の切っ掛けは、前年の 2018 年度前期、当時在職していた名古屋大学において、文系学部生を対象とする科目「経済学 A」を担当したことだ。その際、かつての同僚で、既に東京大学に移籍されていた小川光先生、並びに神戸大学に移籍されていた家森信善先生が共同で執筆したミクロ経済学の入門書（小川・家森 2016）を教科書として用いた。本書の図 1.1 は、同書第 11 章で、独占下における価格上昇に伴う消費者余剰の変化の説明として提示された図表 11-7 からインスピレーションを得たものである。まず両先生からは、2019 年 4 月時点の草稿に対して、コメントや励ましを得ることができた。

　その後、2020 年 11 月、当時、名古屋大学大学院経済学研究科で筆者を指導教員としていた丹下一尚氏が、上記草稿を共同で改稿した内容を「「競争政策・消費者政策のためのミクロ経済学」への一試論——不完全競争への市場支配度指数アプローチ」と題し、法と経済学会の全国大会（オンライン開催）で口頭報告した。その時点では、主として本書の第 1、2、5、6 章に相当する内容のものであったが、その後、2021 年 4 月に筆者は京都大学に異動し、今般、その内容に筆者が単独で全面的な改訂と加筆を行うことによって、一書としてまとめたものである。このような作業プロセスを了とされた丹下氏に謝意を表したい。また、同氏による上記報告に際して、討論をお引き受けいただいた名古屋大学大学院法学研究科の林秀弥先生にも改めて感謝するものである。本書は「京都大学経済学会・経済学研究叢書」の一冊として発行されるものの、この意味ではその基盤は、名古屋大学に関係する方々との出会いによって形成されたものであり、この「あとがき」でそれを記す

ことは筆者の大いなる喜びである。

　加えて、名古屋大学の大学院生であった岡田知久、奥村暁弘の両氏、そして、筆者が現在在籍している京都大学ご出身の林貴志先生からは、本書の内容に関わる事柄に関して啓発的なコメントをいただいた。また、第8章に関しては、元々の旧稿に存在していた不明瞭な諸点に関して吉原直毅先生からご指摘を頂戴し、また、公正取引委員会・競争政策研究センターのCPRCセミナー（2021年2月5日）や日本政策投資銀行・設備投資研究所の研究会（2022年3月16日）での報告に際しては、参加者の方々からご議論をいただくことができた。これらの方々にも深く感謝したい。

　本書において提示されているアイディアの源泉は、ミハル・ファビンガー氏との共同研究（Adachi and Fabinger 2022）を契機に培われてきたものであるという意味で、同氏に負うところは少なくない。また、荒戸寛樹、市野泰和、小井田伸雄、松島法明の各先生からは、執筆の諸段階においてコメントや励ましのお言葉をいただいた。なお、個々の論点に関わる助言や討論をいただいた方々には、本書中の該当箇所で言及をさせていただいている。

　本書の執筆に際しては、日本学術振興会科学研究費補助金「寡占企業による労働市場と財市場に対する市場支配力行使と各市場の相互依存関係」（基盤研究B：23H00818）からの助成に基づいて必要な準備作業を行うことができた。記して感謝するものである。もちろん、当然ながら、本書に残り得る誤りについては筆者が全てその責めを負うものであることを明記しておく。

　本書の出版は、京都大学経済学会、並びに日本証券奨学財団からの出版助成を受けて可能となったものであり、上述のように、同学会の「経済学研究叢書」の一冊として刊行される。前者への応募に際し、審査及びその後の手続きの労を取られた北田雅先生、劉徳強先生、並びに渡邊純子先生に感謝したい。同様に、日本証券奨学財団・研究出版助成の選定を務められた先生方、並びに財団関係者の皆様にも御礼申し上げたい。

　最後に、しかし最小にではなく、昨年（2024年）の前著（下記参照）に引き続き、本書の編集を担当された勁草書房編集部の黒田拓也氏に感謝したい。本書の試論的な位置づけにもかかわらず、その出版の意義を見出していただき、的確な手さばきで刊行にまで導いていただいた。

あとがき　　159

　ところで筆者は、2 年半前に出版した『データとモデルの実践ミクロ経済学』の「あとがき」において、今後の研究活動に関して言及しており、「「不完全競争の経済学」を主軸」としながら「新たなる書籍のための研究」を行っていきたいという希望を表明していた（安達 2022, p. 212）。本書は、そのような「新たなる書籍」そのものではないが、筆者が昨年（2024 年）、一般読者層を対象として出版した『21 世紀の市場と競争』（安達 2024）と同様、その途上に位置づけられる布石と考えている。本書の書名における「に向けて」とはそのような筆者の心象を反映しており、およそ 150 年前（1880 年）、フランスの画家クロード・モネ（1840–1926）が描いた表紙の装画に位置する子どもに自身を重ね合わせている。もちろん、本書はマスターピース（完成品）と呼べる水準には程遠く、未だエチュード（習作）に留まるに過ぎないものではある。

　ジョーン・ロビンソンがイギリス・ケンブリッジの地で、『不完全競争の理論』を世に問うたのが 1933 年（Robinson 1933）、そして、この京の地で、青山秀夫が『独占の経済理論』を発表したのが 1937 年である（青山 1937）。それぞれの業績から一世紀を迎える 8 年後、そして 12 年後を見据えつつ、「不完全競争の経済学」の彫塑に取り組み続けていく他はない。

　　2025 年 1 月 3 日

京都・吉田山麓

安達貴教

参考文献

青木玲子・小田切宏之・林秀弥（2017）「鼎談　いま求められる競争政策　独占禁止法70年」『経済セミナー』2017年10・11月号，8-23.

青山秀夫（1937）『独占の経済理論』日本評論社.

浅古泰史（2018）『ゲーム理論で考える政治学　フォーマルモデル入門』有斐閣.

安達貴教（2022）『データとモデルの実践ミクロ経済学　ジェンダー・プラットフォーム・自民党』慶應義塾大学出版会.

───（2024）『21世紀の市場と競争　デジタル経済・プラットフォーム・不完全競争』勁草書房.

阿部太郎・大坂洋・大野隆・佐藤隆・佐藤良一・中谷武・二宮健史郎・伴ひかり（2019）『資本主義がわかる経済学』大月書店.

伊神満（2018）『「イノベーターのジレンマ」の経済学的解明』日経BP.

伊東光晴（2006）『現代に生きるケインズ──モラル・サイエンスとしての経済理論』岩波新書.

───（2016）『ガルブレイス──アメリカ資本主義との格闘』岩波新書.

伊藤宣広（2010）「マーシャルにおける自由競争概念」『高崎経済大学論集』53（1），89-102.

───（2011）「マーシャルの独占理論」『高崎経済大学論集』53（4），59-70.

猪木武徳（1987）『経済思想』岩波書店.

岩田暁一（1974）『寡占価格への計量的接近』東洋経済新報社.

十武康亮・薗山祐太・若森直樹・渡辺安虎（2025）『実証ビジネス・エコノミクス』（出版予定）日本評論社.

ヴォーゲル、スティーヴン・K（2018）『日本経済のマーケットデザイン』日本経済新聞出版社（上原裕美子訳）.

宇沢弘文（1986）『経済動学の理論』東京大学出版会.

───（1987）『現代経済学への反省──対談集』岩波書店.

浦井憲（2015）『ミクロ経済学』培風館.

大西広（2020）『マルクス経済学　第3版』慶應義塾大学出版会.

大野隆・西洋（2011）「カレツキアン・モデルの新しい展開──ストック・フロー・コンシステント・モデル」『季刊経済理論』47（4），6-18.

岡田章（2021）『ゲーム理論　第3版』有斐閣.

岡田羊祐・林秀弥（2017）「独禁法審判決の法と経済学──意義と課題」、岡田羊祐・川濱昇・林秀弥（編）『独禁法審判決の法と経済学　事例で読み解く日本の競争政策』東京大学出版会.

小川光・家森信善（2016）『ミクロ経済学の基礎』中央経済社.

小田切宏之（2017）『競争政策論　第2版』日本評論社.

───（2019）『産業組織論　理論・戦略・政策を学ぶ』有斐閣.

川濱昇（2017）「本書の達成と今後の展望」、岡田羊祐・川濱昇・林秀弥（編）『独禁法審判決の法と経済学　事例で読み解く日本の競争政策』東京大学出版会.

───（2024）『独占禁止法の基礎理論　取引の自由から競争秩序へ』有斐閣.

久我清（1998）「不完全競争理論の展開」、久我清・入谷純・永谷裕昭・浦井憲（著）『一般均衡理論の新展開』多賀出版, 263-394.

久保研介（2017）「企業結合規制における新しい経済学的ツールの活用」『経済セミナー』2017年10・11月号, 38-43.

栗田康之（2011）「カレツキとマルクス」『季刊経済理論』47（4）, 30-41.

後藤晃（2013）『独占禁止法と日本経済』NTT出版.

齊藤誠・岩本康志・太田聰一・柴田章久（2016）『マクロ経済学　新版』有斐閣 New Liberal Arts Selection.

坂口正志（1974）「マーシャルの代表的企業概念の導入の事情について」『富大経済論集』20（1, 2）, 39-57.

佐々木啓明（2011）「カレツキアン・モデルにおける短期・中期・長期」『季刊経済理論』47（4）, 19-29.

───（2018）「経済成長と所得分配　新古典派成長理論とポスト・ケインズ派成長理論」吉原直毅編『されどマルクス』（経済セミナー増刊）日本評論社, 65-71.

下谷政弘（2009）『持株会社と日本経済』岩波書店.

白石忠志（2023a）『独禁法講義　第10版』有斐閣.

───（2023b）『独占禁止法　第4版』有斐閣.

菅久修一（編著）、南雅晴・天田弘人・小室尚彦・田邊貴紀・稲熊克紀・五十嵐俊子（著）（2019）『はじめて学ぶ独占禁止法　第2版』商事法務.

鈴村興太郎（2018）『厚生経済学と経済政策論の対話　福祉と権利、競争と規制、制度の設計と選択』東京大学出版会.

泉水文雄（2018）『経済法入門』有斐閣.

高橋孝明（2012）『都市経済学』有斐閣.

冨山和彦・大庫直樹（2017）「公正取引委員会「解体」論　ローカル経済の現実を見据えよ」『中央公論』2017年12月号, 120-127.

中嶋亮（2016）「「誘導型推定」vs.「構造推定」」、『経済セミナー増刊　進化する経済学の実証分析』日本評論社, 52-62.

鍋島直樹（2001）『ケインズとカレツキ　ポスト・ケインズ派経済学の源泉』名古屋大学出版会.

───（2020）『現代の政治経済学　マルクスとケインズの総合』ナカニシヤ出版.

根井雅弘（2019）『定本　現代イギリス経済学の群像　正統から異端へ』白水社.

───（2020）『現代経済思想史講義』人文書院.

根岸隆（1985a）『ワルラス経済学入門』岩波セミナーブックス.

───（1985b）『経済学における古典と現代理論』有斐閣.

───（1989）『ミクロ経済学講義』東京大学出版会.

―――（1997）『経済学の歴史　第 2 版』東洋経済新報社.

―――（2001）『経済学史入門』放送大学教育振興会.

―――（2008）『経済学の理論と発展』ミネルヴァ書房.

花薗誠（2018）『産業組織とビジネスの経済学』有斐閣ストゥディア.

林秀弥（2007）「市場画定の基本原理：「競争的牽制力」の「視覚化」」公正取引委員会競争政策研究センター、ディスカッション・ペーパー CPDP–26–E.

―――（2019）「顧客誘引規制の原理的課題」、日本経済法学会年報第 40 号『競争法と消費者』, 17–33.

林貴志（2013）『ミクロ経済学　増補版』ミネルヴァ書房.

林正義（2019）「物品税は「供給曲線」を「シフト」させるのか」日本財政学会編『財政再建とマクロ経済――経済再生と生活保障に政府はどのように関与すべきか　財政研究第 15 巻』（日本財政学会年報　第 15 巻）, 121–143.

幕田英雄（2017）『公取委実務から考える独占禁止法』商事法務.

松村敏弘（2012）「相対利潤アプローチが拓く新しい（？）産業組織」、大垣昌夫・小川一夫・小西秀樹・田淵隆俊（編）『現代経済学の潮流 2012』東洋経済新報社, 65–92.

―――・松島法明（2014）「市場競争と研究開発投資：相対評価アプローチ」、中林真幸・石黒真吾（編）『企業の経済学：構造と成長』有斐閣, 253–268.

宮崎義一（1972）『寡占――現代の経済機構』岩波新書.

村上政博（2017）『独占禁止法　新版』岩波新書.

村上泰亮（1975）『産業社会の病理』中公叢書（中公クラシック版（2010 年）を参照している）.

森嶋通夫（1994）『思想としての近代経済学』岩波新書.

レヴィット、スティーヴン／オースタン・グールズビー／チャッド・サイヴァーソン（2018）『レヴィット　ミクロ経済学　発展編』（安田洋祐監訳、高遠裕子訳）東洋経済新報社.

柳川隆（2003）「競争と構造・成果」『國民経済雑誌』187（6）, 69–82.

山下和久（1996）「森嶋氏とケインジアン」『大阪府立大學經濟研究』41（4）, 1–17.

Acemoglu, D., and M. K. Jensen（2013）"Aggregate Comparative Statics," *Games and Economic Behavior*, 81, 27–49.

Adachi, T.（2020）"Hong and Li Meet Weyl and Fabinger: Modeling Vertical Structure by the Conduct Parameter Approach," *Economics Letters*, 186, Article 108732.

―――（2023）"A Sufficient Statistics Approach for Welfare Analysis of Oligopolistic Third-Degree Price Discrimination," *International Journal of Industrial Organization*, 86, 102893.

―――, and L. Bao（2022）"*Chicago Price Theory* Meets Imperfect Competition: A Common Ownership Approach," *Economics Bulletin*, 42（4）, 1848–1857.

―――, and T. Ebina（2014）"Double Marginalization and Cost Pass-Through: Weyl-Fabinger and Cowan Meet Spengler and Bresnahan-Reiss," *Economics Letters*, 122（2）, 170–175.

―――, and ―――（2016）"Log-Linear Demand Systems with Differentiated Products Are Inconsistent with the Representative Consumer Approach," *Economics Bulletin*, 36（1）, 260–

267.

————, and M. Fabinger (2022) "Pass-Through, Welfare, and Incidence under Imperfect Competition," *Journal of Public Economics*, 211, Article 104589.

Agarwal, S., S. Chomsisengphet, N. Mahoney, and J. Stroebel (2014) "A Simple Framework for Estimating Consumer Benefits from Regulating Hidden Fees," *Journal of Legal Studies*, 43 (S2), S239-S252.

Aghadadashli, H., M. Dertwinkel-Kalt, and C. Wey (2016) "The Nash Bargaining Solution in Vertical Relations with Linear Input Prices," *Economics Letters*, 145, 291–294.

Allcott, H., B. B. Lockwood, and D. Taubinsky (2019) "Should We Tax Sugar-Sweetened Beverages? An Overview of Theory and Evidence," *Journal of Economic Perspectives*, 33 (3), 202–227.

Anderson, S. P., N. Erkal, and D. Piccinin (2020) "Aggregative Games and Oligopoly Theory: Short-Run and Long-Run Analysis," *RAND Journal of Economics*, 51 (2), 470–495.

Auerbach, A., and J. Hines (2002) "Taxation and Economic Efficiency," A. Auerbach and M. Feldstein (eds.), *Handbook of Public Economics*, Vol. 3, 1347–1421.

Backus, M., C. Conlon, and M. Sinkinson (2021) "Common Ownership and Competition in the Ready-to-Eat Cereal Industry," Unpublished.

Baker, J. B. (2019) *The Antitrust Paradigm: Restoring a Competitive Economy*, Harvard University Press.

Blackorby, C., and S. Murty (2007) "Unit versus Ad Valorem Taxes: Monopoly in General Equilibrium," *Journal of Public Economics*, 91 (3–4), 817–822.

Blanchard, O., and D. H. Johnson (2013) *Macroeconomics*, 6th ed., Pearson.

Bonanno, G. (1990) "General Equilibrium Theory with Imperfect Competition," *Journal of Economic Surveys*, 4 (4), 297–328.

Bonnet, C., Z. Bouamra-Mechemache, and H. Molina (2025) "The Buyer Power Effect of Retail Mergers: An Empirical Model of Bargaining with Equilibrium of Fear," *RAND Journal of Economics*, Forthcoming.

Bork, R. H. (1978). *The Antitrust Paradox*, Free Press.

Bowley, A. L. (1924) *The Mathematical Groundwork of Economics*, Oxford University Press.

Bresnahan, T. F. (1989) "Empirical Studies of Industries with Market Power," R. Schmalensee and R. Willig (eds.), *Handbook of Industrial Organization*, Vol. 2, pp. 1011–1057.

Bulow, J., and J. Roberts (1989) "The Simple Economics of Optimal Auctions," *Journal of Political Economy*, 97 (5), 1060–1090.

Caballero, R. J., T. Hoshi, and A. K. Kashyap (2008) "Zombie Lending and Depressed Restructuring in Japan," *American Economic Review*, 98 (5), 1943–1977.

Chamberlin, E. (1933) *The Theory of Monopolistic Competition*, Harvard University Press.

Chetty, R. (2009) "Sufficient Statistics for Welfare Analysis: A Bridge Between Structural and Reduced-Form Methods," *Annual Review of Economics*, 1, 451–488.

Clark, J.M. (1940) "Toward a Concept of Workable Competition," *American Economic Review*, 30 (2), Part 1, 241–256.

参考文献　　　　　　　165

Collard-Wexler, A., G. Gowrisankaran, R.S. Lee（2019）""Nash-in-Nash" Bargaining: A Micro-foundation for Applied Work," *Journal of Political Economy*, 127（1）, 163–195.

Cornes, R., and R. Hartley（2012）"Fully Aggregative Games," *Economics Letters*, 116（3）, 631–633.

Corts, K. S.（1999）"Conduct Parameters and the Measurement of Market Power," *Journal of Econometrics*, 88（2）, 227–250.

Cournot, A. A.（1838）*Recherches sur les Principes Mathématiques de la Théorie des Richesses*, Paris: Chez L. Hachette.

Crawford, G. S., R. S. Lee, M. D. Whinston, and A. Yurukoglu（2018）"The Welfare Effects of Vertical Integration in Multichannel Television Markets," *Econometrica*, 86（3）, 891–954.

———, and A. Yurukoglu（2012）"The Welfare Effects of Bundling in Multichannel Television Markets," *American Economic Review*, 102（2）, 643–685.

Cyert, R. M., and M. H. DeGroot（1973）"An Analysis of Cooperation and Learning in a Duopoly Context," *American Economic Review*, 63（1）, 24–37.

De Loecker, J., J. Eeckhout, and G. Unger（2020）"The Rise of Market Power and the Macroeco-nomic Implications," *Quarterly Journal of Economics*, 135（2）, 561–644.

Demidova, S.（2017）"Trade Policies, Firm Heterogeneity, and Variable Markups," *Journal of International Economics*, 108, 260–273.

Dermine, J.（1986）"Deposit Rates, Credit Rates and Bank Capital: The Klein-Monti Model Re-visited," *Journal of Banking & Finance*, 10（1）, 99–114.

De los Santos, B., D. P. O'Brien, and M. R. Wildenbeest（2024）"Agency Pricing and Bargaining: Evidence from the E-Book Market," Unpublished.

Dorfman, R. and P. O. Steiner（1954）"Optimal Advertising and Optimal Quality," *American Economic Review*, 44（5）, 826–836.

Downs, A.（1957）*An Economic Theory of Democracy*, Harper.

Draganska, M., D. Klapper, and S. B. Villas-Boas（2010）"A Larger Slice or a Larger Pie? An Empirical Investigation of Bargaining Power in the Distribution Channel," *Marketing Science*, 29（1）, 57–74.

Edgeworth, F.Y.（1881）*Mathematical Psychics: An Essay on the Application of Mathematics to the Moral Sciences*, C. Kagan Paul & Co.

Einav, L., and A. Finkelstein（2011）"Selection in Insurance Markets: Theory and Empirics in Pictures," *Journal of Economic Perspectives*, 25（1）, 115–138.

Farrell, J., and C. Shapiro（2010）"Antitrust Evaluation of Horizontal Mergers: An Economic Al-ternative to Market Definition," *The B. E. Journal of Theoretical Economics*, 10（1）, Article 9.

Figuières, C., A. Jean-Marie, N. Quérou, and M. Tidball（2004）*Theory of Conjectural Variations*, World Scientific.

Forbes, K. F.（1986）"Market Structure and Cooperative Advertising," *Economics Letters*, 22, 77–80.

Freixas, X., and J.-C. Rochet（2008）*Microeconomics of Banking*, Second Edition, The MIT

Press.

Frisch, R.（1933）"Monopole, polypole - La notion de force en économie," *Nationaløkonomisk Tidsskrift*, 71, 241–259.

Fumagalli, C., M. Motta, and C. Calcagno（2018）*Exclusionary Practices: The Economics of Monopolisation and Abuse of Dominance*, Cambridge University Press.

Galbraith, J. K.（1952）*American Capitalism: The Concept of Countervailing Power*, Houghton Mifflin.（ジョン・K・ガルブレイス（新川健三郎訳）『アメリカの資本主義』白水社、2016 年）

Gaudin, G.（2016）"Pass-Through, Vertical Contracts, and Bargains," *Economics Letters*, 139, 1–4.

Gowrisankaran, G., A. Nevo, R. Town（2015）"Mergers when Prices are Negotiated: Evidence from the Hospital Industry," *American Economic Review*, 105（1）, 172–203.

Grennan, M.（2013）"Price Discrimination and Bargaining: Empirical Evidence from Medical Devices," *American Economic Review*, 103（1）, 145–177.

―――（2014）"Bargaining Ability and Competitive Advantage: Empirical Evidence from Medical Devices," *Management Science*, 60（2）, 3011–3025.

Gunji, H., and K. Miyazaki（2021）"An Industrial-Organization Approach to Conventional and Unconventional Monetary Policy," *Economic Notes*, 50（3）, e12190.

Hart, O.（1985）"Imperfect Competition in General Equilibrium: An Overview of Recent Work," In Kenneth J. Arrow and Seppo Honkapohja（eds.）, *Frontiers of Economics*, Basil Blackwell, 100–149.

Hayashida, K.（2019）"Milk Demand Heterogeneity and Cost Pass-Through in Japan: A Microdata Approach towards Competition Structure," *Japanese Journal of Agricultural Economics*, 22, 1–17.

Hiraga, K.（2019）"Unit versus Ad Valorem Tax Comparisons in a Simple New Keynesian Dynamic Stochastic General Equilibrium Model," *Eurasian Economic Review*, 9, 459–466.

Ho, K., and R. S. Lee（2017）"Insurer Competition in Health Care Markets." *Econometrica*, 85（2）, 379–417.

Holmes, T. J.（1989）"The Effects of Third-Degree Price Discrimination in Oligopoly," *American Economic Review*, 79（1）, 244–250.

Inada, K.-I.（1963）"On a Two-Sector Model of Economic Growth: Comments and a Generalization," *Review of Economic Studies*, 30（2）, 119–127.

Iozzi, A., and T. Valletti（2014）"Vertical Bargaining and Countervailing Power," *American Economic Journal: Microeconomics*, 6（3）, 106–135.

Jaffe, S., R. Minton, C. B. Mulligan, and K. M. Murphy（2019）*Chicago Price Theory*, Princeton University Press.

Kalecki, M.（1971）*Selected Essays on the Dynamics of the Capitalist Economy 1933–1970*, Cambridge University Press.（M・カレツキ（浅田統一郎・間宮陽介訳）『資本主義経済の動態理論』日本経済評論社、1984 年）

Katz, M. L., and C. Shapiro（1985）"Network Externalities, Competition, and Compatibility,"

American Economic Review, 75（3）, 424–440.

Keynes, J. M.（1936）*The General Theory of Employment, Interest and Money*, MacMillan.（ケインズ（間宮陽介訳）『雇用, 利子および貨幣の一般理論』（上）（下）岩波文庫、2008 年他）

Kimball, M. S.（1995）"The Quantitative Analytics of the Basic Neomonetarist Model," *Journal of Money, Credit and Banking*, 27（4）, Part 2, 1241–1277.

Klein, M. A.（1971）"A Theory of the Banking Firm," *Journal of Money, Credit and Banking*, 3（2）, Part 1, 205–218.

Kroft, K., J.-W. P. Laliberté, R. Leal-Vizcaíno, and M. J. Notowidigdo（2024）"Salience and Taxation with Imperfect Competition," *Review of Economic Studies*, 91（1）, 403–437.

Krugman, P., M. Obstfeld, and M. Melitz（2022）*International Economics: Theory and Policy*, 12th Edition, Pearson.

Lambin, J.-J.（1970）"Optimal Allocation of Competitive Marketing Efforts: An Empirical Study," *Journal of Business*, 43（4）, 468–484.

Landes, W. M., and R. A. Posner（1981）"Market Power in Antitrust Cases," *Harvard Law Review*, 94（5）, 937–996.

Lardeux, R.（2022）*Public Finance with Behavioral Agents*, Cambridge University Press.

Lerner, A. P.（1934）"The Concept of Monopoly and the Measurement of Monopoly Power," *Review of Economic Studies*, 1（3）, 157–175.

López, Á. L., and X. Vives（2019）"Overlapping Ownership, R&D Spillovers, and Antitrust Policy," *Journal of Political Economy*, 127（5）, 2394–2437.

Mahoney, N., and E. G. Weyl（2017）"Imperfect Competition in Selection Markets," *Review of Economics and Statistics*, 99（4）, 637–651.

Mankiw, N. G.（1988）"Imperfect Competition and the Keynesian Cross," *Economics Letters*, 26（1）, 7–13.

―――, and M. D. Whinston（1986）"Free Entry and Social Inefficiency," *RAND Journal of Economics*, 17（1）, 48–58.

Marshall, R. C., and L. M. Marx（2012）*The Economics of Collusion: Cartels and Bidding Rings*, The MIT Press.

Matsuyama, K.（1995）"Complementarities and Cumulative Processes in Models of Monopolistic Competition," *Journal of Economic Literature*, 33（2）, 701–729.

McAfee, R.P., M. Schwartz（1994）"Opportunism in Multilateral Vertical Contracting: Nondiscrimination, Exclusivity, and Uniformity," *American Economic Review*, 84（1）, 210–230.

Merlo, A.（2019）*Political Economy and Policy Analysis*, Routledge.

Meza, S., and K. Sudhir（2010）"Do Private Labels Increase Retailer Bargaining Power?" *Quantitative Marketing and Economics*, 8（3）, 333–363.

Miller, N.H., and M. Osborne（2014）"Spatial Differentiation and Price Determination in the Cement Industry: Evidence from a Structural Model," *RAND Journal of Economics*, 45（2）, 221–247.

———, ———, and G. Sheu（2017）"Pass-Through in a Concentrated Industry: Empirical Evidence and Regulatory Implications," *RAND Journal of Economics*, 48（1）, 69–93.

Monti, M.（1972）"Deposit, Credit and Interest Rate Determination under Alternative Bank Objective functions," Giorgio P. Szegö and Karl Shell（eds.）, *Mathematical Methods in Investment and Finance*, North-Holland, 430–454.

Muthoo, A.（1999）*Bargaining Theory with Applications*, Cambridge University Press.

Nash, J.F., Jr.（1950）"The Bargaining Problem," *Econometrica*, 18（2）, 155–162.

Neary, J. P.（2016）"International Trade in General Oligopolistic Equilibrium," *Review of International Economics*, 24（4）, 669–698.

Negishi, T.（1961）"Monopolistic Competition and General Equilibrium," *Review of Economic Studies*, 28（3）, 196–201.

Nikaido, H.（1975）*Monopolistic Competition and Effective Demand*, Princeton University Press.

Nocke, Volker, and Nicolas Schutz（2018）"Multiproduct-Firm Oligopoly: An Aggregative Games Approach," *Econometrica*, 86（2）, 523–557.

———, and ———（2025）"An Aggregative Games Approach to Merger Analysis in Multiproduct-Firm Oligopoly," *RAND Journal of Economics*, Forthcoming.

Olson, M., Jr.（1965）*The Logic of Collective Action: Public Goods and the Theory of Groups*, Harvard University Press.

Peitz, M., and S. Sato（2025）"Asymmetric Platform Oligopoly," *RAND Journal of Economics*, Forthcoming.

Ritz, R.（2024）"Does Competition Increase Pass-Through?" *RAND Journal of Economics*, 55（1）, 140–165.

Robinson, J.（1933）*The Economics of Imperfect Competition*, McMillan.

Robinson, J., and J. Eatwell（1973）*An Introduction to Modern Economics*, McGraw-Hill Co.（ジョーン・ロビンソン／ジョン・イートウェル（宇沢弘文訳）『ロビンソン 現代経済学』岩波書店、1976 年）

Sato, S., and T. Matsumura（2020）"Free Entry under Common Ownership," *Economics Letters*, 195, 109489.

Schmalensee, R.（1972）*The Economics of Advertising*, North-Holland.

Schmalz, M. C.（2018）"Common-Ownership Concentration and Corporate Conduct," *Annual Review of Financial Economics*, 10, 413–448.

Shubik, M.（1980）*Market Structure and Behavior*（with Richard Levitan）, Harvard University Press.

Spengler, J. J.（1950）"Vertical Integration and Antitrust Policy," *Journal of Political Economy*, 58（4）, 347–352.

Suzumura, K., and K. Kiyono（1987）"Entry Barriers and Economic Welfare," *Review of Economic Studies*, 54（1）, 157–167.

Symeonidis, G.（2008）"Downstream Competition, Bargaining, and Welfare," *Journal of Economics & Management Strategy*, 17（1）, 247–270.

Triffin, R.（1940）*Monopolistic Competition and General Equilibrium Theory*, Harvard

University Press.

Uzawa, H.（1961）"On a Two-Sector Model of Economic Growth," *Review of Economic Studies*, 29（1）, 40–47.

Vickrey, W.（1961）"Counterspeculation, Auctions, and Competitive Sealed Tenders," *Journal of Finance*, 16（1）, 8–37.

Weintraub, S.（1959）*A General Theory of the Price Level, Output, Income Distribution, and Economic Growth*, Chilton Co.

Weyl, E. G., and M. Fabinger（2013）"Pass-Through as an Economic Tool: Principle of Incidence under Imperfect Competition," *Journal of Political Economy*, 121（3）, 528–583.

Whinston, M. D.（2008）*Lectures on Antitrust Economics*, The MIT Press.

Williamson, O. E.（1968）"Economies as an Antitrust Defense: The Welfare Tradeoffs," *American Economic Review*, 58（1）, 18–36.

索　引

［人名］

猪木武徳　i

宇沢弘文　31

エッジワース，フランシス・イスィドロ
　　18

カレツキ，ミハウ　30, 31

川濱昇　iii, 75, 84, 96

ケインズ，ジョン・メイナード　8, 30, 31,
　　148

小宮隆太郎　i, 5, 74

冨山和彦　82

林秀弥　74, 94, 143, 157

ボーク，ロバート　iii

マーシャル，アルフレッド　7, 8, 86–89,
　　143

村上泰亮　ii

モネ，クロード　159

森嶋通夫　26

ロビンソン，ジョーン　8, 15, 31, 89, 159

［事項］

SSNIP 基準　92–94

あ行

一般均衡　iv, 139–143, 153, 154

因果効果　17

オークション　77

　　第二位価格——　77

　　——理論　76, 78

か行

買い手独占　78

外部経済　8, 87, 88

外部性　155, 156

価格上昇圧力（UPP）　91–94, 115

価格弾力性

　　下流段階での需要の——　110

　　個別需要の——　36

　　産業全体の／市場全体の——　5, 46, 50,
　　　57, 83, 117, 126, 129, 130, 145, 147

　　需要の——　4, 29, 64, 73, 94

過剰適応　100

過剰参入　32, 100

間接的ネットワーク外部性　156

拮抗力仮説　114

規模の経済性　iv, 86, 87

逆淘汰　99, 100

共感係数　18, 59

供給の弾力性

　　周辺的企業の——　36

曲率　24, 126, 131, 133

競争促進効果　74, 92, 114

競争抑制効果　74, 92, 114

協調効果　92, 156

共通所有　22

銀行モデル

　　独占的——　55

キンボール超弾力性　24

限定合理的　95, 96

クールノー競争　7, 13, 14, 91

クールノーの極限定理　19

限界原理　4, 32, 58, 63, 71, 74

限界収入　7, 34, 35, 50, 52, 78

　　——　5, 35, 88

限界労働生産性　153

行為　71, 73–77, 82–84, 86, 94, 115, 143

公共経済学　4

構造　83

公的資金の限界価値　47, 49

国際経済学　141

国内総生産（GDP） 142–145, 152, 153
固定費用 32, 71–74, 79, 84–86, 107, 148, 151, 152
混合寡占 99

さ行

搾取 75, 83, 153
差別的取り扱い 23, 26, 29
産業モデル 23, 26, 29
参入 71, 73, 74, 99、41
シカゴ価格理論 ii, 23, 26–28, 31
実証産業組織論 6
支配戦略 77
市場支配力指数 ii, iii, 79–82, 84–86, 91, 120, 146, 151–153, 156
　下流市場における―― 110, 113, 117, 118
市場支配力指数アプローチ ii, iii, iv, 76, 78, 83, 84, 88, 91–98, 100, 114, 121, 140, 142, 145, 151, 154–156
市場支配力 iii, 73, 83
　――の形成・維持・強化 74, 82, 93, 94, 153
支配的企業 35, 36
スピルオーヴァー 55, 57, 58, 61, 130
十分統計量 58
周辺的な小企業群 36
集約ゲームアプローチ 140–142, 154
集約的企業 7, 8, 10, 34, 35, 50, 87, 88, 144–147
主観的逆需要 50
乗数効果 151
情報の非対称性 iv, 97–99, 155
推測的変動 31–33, 56
垂直構造 105, 110, 112, 116, 118, 120, 127, 129
垂直統合 113, 116, 120, 124
　不完全―― 113
正当化事由 86
摂動系 24, 25, 29

戦略的相互依存関係 9
深層パラメータ 17
租税帰着 48, 49, 51, 52, 95
ゾンビ企業 71, 72
セロファンの誤謬 94

た行

退出 71, 72, 141
代表的個人 149
代表的消費者 83
第3種価格差別 78, 99
代表的企業 8, 9, 88
抱き合わせ販売 156
単独効果 92, 156
デッドウェイト・ロス 34, 44–46, 80, 82, 84, 85, 96, 99, 100, 109, 155
ドーフマン＝シュタイナー公式 iii, 55, 56, 59
　拡張版の―― 57
取引閉鎖 156

な行

ナッシュ均衡 6, 7, 13, 14, 19, 22, 32, 33, 91
ナッシュ積 108, 117, 128
ナッシュ交渉力ウェイト 108, 109, 112, 116, 118, 123, 126, 128
二重課税 42–44
二重の限界化 113, 135
　――解消 113, 134
伸るか反るかの提案 105, 106, 109

は行

ハーヴィー・ロードの前提 100
パス・スルー iii, 41, 44, 46–49, 112, 119–121, 123, 124, 126, 131, 133, 134, 147
　従価税―― 44, 48
　従量税―― 44
付加価値 144, 152
プラットフォーム 156
平均原理 iv, 71, 72

ホームズ分解　21, 118

ま行

マークアップ値　4, 9, 50, 52, 57, 111, 144–
　　148, 151
　下流段階での——　110
マークアップ率　5, 7, 139
マクロ経済学　139

や行

有効競争　82, 83

ら行

ラーナー公式　5, 19, 21, 22, 60, 83, 112
　下流段階での——　111
ラーナー指数　5, 83
略奪的価格設定（廉売）　156
ルーカス批判　17
留保価値　78, 92

著者略歴

安達貴教(あだち・たかのり)
京都大学経営管理大学院・大学院経済学研究科教授。Ph.D.(経済学)。
専攻は産業組織論、競争政策論、応用ミクロ経済学、実証ミクロ経済学。著書に『21世紀の市場と競争 デジタル経済・プラットフォーム・不完全競争』(2024年、勁草書房)などがある。

不完全競争の経済学に向けて
市場支配力指数アプローチ

2025年2月19日 第1版第1刷発行

著 者　安　達　貴　教
　　　　あ　だち　たか　のり

発行者　井　村　寿　人

発行所　株式会社　勁　草　書　房
　　　　　　　　　　けい　そう

112-0005 東京都文京区水道2-1-1 振替 00150-2-175253
(編集)電話 03-3815-5277／FAX 03-3814-6968
(営業)電話 03-3814-6861／FAX 03-3814-6854
印刷：理想社／製本：牧製本印刷

©ADACHI Takanori 2025

ISBN978-4-326-50512-8　Printed in Japan

 ＜出版者著作権管理機構 委託出版物＞
本書の無断複製は著作権法上での例外を除き禁じられています。
複製される場合は、そのつど事前に、出版者著作権管理機構
(電話 03-5244-5088, FAX 03-5244-5089, e-mail: info@jcopy.or.jp)
の許諾を得てください。

＊落丁本・乱丁本はお取替いたします。
　ご感想・お問い合わせは小社ホームページから
　お願いいたします。

https://www.keisoshobo.co.jp